DE

L'ANCIENNE LÉGISLATION

DE LA

CORSE.

Extrait de la *Revue Étrangère et Française*
de Législation, de Jurisprudence et d'Économie politique, publiée à Paris
par MM. Fœlix, Duvergier et Valette, tome X, 1843,
éditée par Joubert, libraire de la Cour de cassation.

COUP D'ŒIL

L'ANCIENNE LÉGISLATION

DE LA

CORSE.

(par G.-C. Gregori)

PARIS,

IMPRIMERIE DE FAIN ET THUNOT,
RUE RACINE, 28, PRÈS DE L'ODÉON.

—

1844.

Un savant magistrat, M. G.-C. Gregorj, conseiller
à la cour royale de Lyon, qui avait déjà publié l'Histoire de la Corse de Filippini (*Istoria di Corsica dell'
arcidiacono Anton Pietro Filippini, seconda edizione,
rivista, corretta ed illustrata, con inediti documenti.
Pisa*, 1827-1831; 5 vol. in-8° et in-4°), et celle de
Cyrnéus (*Istoria di Corsica, di Pietro Cirneo, sacer-
dote d'Aleria, recata per la prima volta, in lingua
italiana, ed illustrata. Parigi*, 1834; 1 vol. in-8°),
en les accompagnant de diplômes ou de documents inédits, et de dissertations destinées à éclaircir toutes les
questions relatives aux institutions, aux antiquités, à
l'histoire littéraire et politique de ce peuple, vient de
faire paraître un nouvel ouvrage du plus haut intérêt.
C'est le recueil des anciens statuts civils et criminels
de l'île de Corse (*Statuti civili e criminali di Corsica,
pubblicati, con addizioni inedite e con una introdu-
zione. Lione*, 1843; 2 vol. in-8° et in-4°)[1].

---

[1] Ces ouvrages, imprimés avec un grand luxe aux frais du comte
Pozzo di Borgo, n'ont pas été mis en vente. M. Gregorj les a envoyés à toutes les communes de la Corse, aux principales biblio-
thèques de l'Europe et à quelques notabilités; il prépare actuellement pour son pays une histoire complète de la Corse, écrite en
français, dont un certain nombre d'exemplaires sera mis dans le
commerce.

Le tome I de cet ouvrage contient, indépendamment d'une introduction et des statuts, plusieurs édits rendus par les gouverneurs génois. Cette première partie n'est, en ce qui concerne les lois, que la reproduction des Codes, déjà imprimés en 1604, et devenus extrêmement rares.

Le tome II renferme des lois et documents inédits tirés du registre des priviléges de l'île et de celui d'Ajaccio. C'est le complément de l'ancienne législation donné dans le but de constater la situation du pays sous les Génois, ainsi que les efforts des autorités et du gouvernement, pour améliorer son état moral et physique.

En tête de ce deuxième volume, sont des remontrances présentées au sénat de Gênes par les députés du conseil des Nobles. Elles sont relatives aux intérêts et aux besoins du pays : elles honorent tout à la fois les hommes qui avaient le courage de diré de pareilles vérités, et le gouvernement qui s'empressait d'y faire droit. Le nom de plusieurs membres de la famille Pozzo di Borgo y figure avec éclat, et il y est fait mention d'un ancêtre de l'empereur Napoléon, dans un acte qui prouve que, déjà au seizième siècle, ces deux familles défendaient des causes et des intérêts entièrement opposés.

A la suite de ces remontrances, M. Gregorj a rangé, par ordre chronologique, une série de lois qui expliquent et complètent les anciens statuts, à partir de l'année 1604 jusqu'en 1715. Ce choix, fait avec discernement, est aussi curieux qu'utile. On peut y étudier les causes des troubles qui, pendant plusieurs siècles, ont agité la Corse.

L'Introduction placée en tête du premier volume

réunit, ce nous semble, au mérite de l'érudition, celui
de la clarté et de la précision. Le tableau que l'auteur a
tracé de la constitution et de la législation des Lombards
se fait surtout remarquer par l'abondance des faits et la
justesse des aperçus.

Les savantes collections de Canciani, de Baluze, de
Muratori, de Brunetti et de Bertini, ont fourni à ses
recherches des faits généralement ignorés sur les institutions civiles de ce peuple. Celles de la dynastie car-
lovingienne, les bénéfices et la féodalité ont également
trouvé en lui un historien éclairé et soigneux de justifier ce qu'il avance par des citations consciencieuses. Il
esquisse à grande traits l'origine des coutumes féodales,
ainsi que les causes qui ont amené l'affranchissement
et par suite l'organisation des communes auxquelles la
Corse est redevable de sa liberté. Cette dernière partie
de la dissertation est entièrement neuve ; on n'avait,
jusqu'ici, réuni dans aucun livre des matériaux aussi
précieux et aussi complets sur l'organisation et la législa-
lation de ce pays.

Intéressante pour la science et pour la connaissance
du passé, cette publication ne sera pas sans utilité pour
le temps où nous vivons. La Corse, aujourd'hui l'objet
de la sollicitude du gouvernement, semble repousser
encore quelques-uns des bienfaits de notre civilisation.
C'est en méditant les observations dues à la plume de
M. Gregorj, c'est en étudiant surtout les anciennes lois
de ce peuple, qu'on parviendra à apprécier les efforts
des gouvernements qui s'y sont succédé, et à connaître
les véritables causes du mal que notre administration
ne cesse de combattre. Le fléau de la vendetta, le port
d'armes, la culture des terres abandonnées, l'exploita-
tion régulière des forêts, etc., ont depuis longtemps

fait naître des questions graves encore agitées de nos jours, offrant autant d'intérêt que dans les siècles passés, et dignes plus que jamais de fixer l'attention de nos hommes d'état.

Le livre de M. Gregorj sera utile au législateur, à l'historien et à l'économiste.

L'importance de son introduction nous a décidé à en donner une traduction complète qui a paru dans la *Revue étrangère et française de législation, de jurisprudence et d'économie politique*, publiée par MM. Fœlix, Duvergier et Valette.

J.-A. GARNIER-DUBOURGNEUF.

10 décembre 1843.

COUP D'ŒIL

SUR L'ANCIENNE

LÉGISLATION DE LA CORSE.

Pour bien connaître l'histoire d'un peuple, il faut d'abord rechercher avec soin quels ont été, aux différentes époques de son existence, la forme de son gouvernement, le développement et les progrès de sa législation, ses institutions judiciaires, son administration civile ou financière, ses usages, ses arts et son commerce. Tel est le but vers lequel doit tendre tout écrivain jaloux de faire une œuvre durable ; tel est celui que je me suis proposé en essayant, autant que mes forces me le permettaient, de retracer les diverses vicissitudes de la Corse, ma patrie. Je commence par ce qui a rapport aux lois et à l'organisation judiciaire. J'en esquisserai le tableau dans cette introduction, me réservant de traiter les autres sujets dans l'histoire de la Corse à laquelle je travaille, et qui, je l'espère, verra bientôt le jour.

Je partirai de la domination romaine pour arriver au XVIIIe siècle, époque à laquelle cette île fut réunie à la France.

La Corse, avant son occupation par les Romains, avait reçu les colonies de différentes nations venues de l'Afrique, de la Ligurie, de l'Asie Mineure et de la Tyrrhénie. Les Ibères[1], les Liguriens[2], les Phéniciens[3],

---

[1-2] Seneca, *ad Helviam*, c. 8.

[3] Une inscription récemment découverte à Propriano, petit bourg

les Phocéens [1], les Tyrrhènes [2] et les Carthaginois [3] y
ont séjourné. Ces peuples étaient régis par des lois, des
usages et des coutumes qui différaient suivant leur origine et leur caractère. Les colonies maritimes, occupées
de trafic, suivaient les usages commerciaux de la mère
patrie ; les colonies de l'intérieur, dont les habitudes
étaient plus douces et plus pacifiques, avaient une législation conforme à celle des peuples agriculteurs [4]. Les
matériaux nous manquent pour cette époque dont Hérodote, Diodore et Polybe ont seulement dit quelques
mots ; je franchirai donc ces temps obscurs pour arriver
à ceux de la domination des Romains.

Ces derniers conquirent la Corse l'an 522 de Rome [5] ;
ils en formèrent, la même année, une province qu'ils
joignirent à la Sardaigne dont elle est voisine. Un seul
préteur régissait les deux îles, et cet état de choses dura
jusqu'à la chute de la république romaine [6]. En rédui-
sant la Corse en province, les vainqueurs, selon leur
usage, y promulguèrent les lois de l'empire avec celles
particulières à ce pays. Voici quelle fut l'organisation
qui en résulta : Le capitaine à qui la conquête était
due, ou plusieurs commissaires envoyés par le sénat, tiraient des lois et des coutumes de la province un
recueil d'ordonnances en harmonie avec les besoins des
sujets ; on donnait à cette collection le nom de for-

---

près du golfe de Vallinco, et envoyée à l'Institut de France, ne
laisse plus aucun doute sur ce point historique.

[1] Hérodote, l. 1, § 165.

[2] Diodore de Sicile, l. 5, ch. 13.

[3] Polybe, l. 1, c. 1.

[4] Polybe, l. 12, fragm. 7 ; Diodore de Sicile, l. 5, ch. 14.

[5] Zonaras, *Annales*, l. 8, p. 401, t. 1. Parisiis, 1686.

[6] *Sexti Rufi Epitome*, p. 10. Basileæ, 1530.

mule, *formula provinciæ*[1]. Tous les magistrats étaient tenus de s'y soumettre. Elle indiquait la procédure à suivre dans les causes soit des citoyens de diverses juridictions entre eux, soit de l'administration contre les particuliers, soit enfin de ceux-ci contre la cité; les tribunaux auxquels il fallait s'adresser; et les actions que, suivant les cas, les Romains pouvaient exercer contre les habitants ou ces derniers contre les Romains.

Le gouverneur, à son entrée dans la province, publiait un édit presque semblable en tout à celui du préteur de Rome[2]. Cet édit renfermait les principes d'après lesquels devaient être jugés les procès; principes exposés souvent avec un laconisme et une obscurité qui laissaient une grande latitude au magistrat. Parfois, le nouveau gouverneur adoptait l'édit de son prédécesseur, et, dans ce cas, on lui donnait le nom de *Translatitium*[3]. Les provinces étaient régies par des sénatus-consultes particuliers à chacune d'elles ou communs à toutes[4]. Les procès entre les citoyens romains étaient jugés d'après les lois romaines[5].

Au-dessus des magistrats principaux, était placé le préteur des deux îles, désigné par le sort, par le sénat ou par le peuple romain. Ses fonctions étaient annuelles, mais pouvaient être prolongées[6]. Elles commençaient

---

[1] Cicero, *in Verrem*, act. 2, § 13. Tite-Live, 1. 45, § 29.

[2] Cicero, *Epist. famil.*, 1. 3, *Epist.* 8; *ad Atticum*, 1. 6, Ep. 1.

[3] Adam, *Antiq. rom.*, t. I, p. 237, trad. franç. Paris, 1818.

[4] Cicero, *in Verrem*, act. 11, 1. 3, § 70; *ad Attic.*, 1. 5, *Epist.* 21. *Instit. Justin.*, 1. 1, tit. 20, *De Atiliano tutore. Ulpiani Regul.*, tit. 11, *De tutelis*.

[5] Beaufort, De la Répub. rom., t. II, p. 328.

[6] Cicero, *Ep. famil.*, 1. 1, ép. 7.

du jour de son arrivée sur les terres de sa juridiction. Ce magistrat résidait dans la ville principale, c'est-à-dire à Karalis, Cagliari, en Sardaigne [1]. Il exerçait tous les pouvoirs judiciaires, administratifs, militaires, c'est-à-dire la juridiction, *potestatem*, et le commandement, *imperium* [2]. Il était assisté dans l'exercice de ses fonctions par des officiers placés sous sa dépendance. Au premier rang étaient les lieutenants du préteur, *legati*, nommés par lui avec l'assentiment du sénat, quelquefois seulement par ce dernier, rarement par le peuple [3]. Ils pouvaient être plus de trois [4], jamais moins; l'un d'eux résidait en Corse, on ignore dans quelle ville. Il est inutile de parler ici des autres officiers, parce qu'ils étaient étrangers à l'administration de la justice. Tous ces fonctionnaires, *officiales*, formaient un corps nommé office, *officium;* leur nombre répondait à l'étendue et aux charges de la province [5].

A son départ de Rome, le préteur recevait du sénat d'utiles avertissements pour bien gouverner; on lui recommandait de suivre les règles ordinaires en confiant la juridiction aux légats; d'écouter avec patience les avocats; d'expédier les causes avec activité et chacune à son tour; de refuser les présents de valeur, et, pour ceux de peu d'importance, d'avoir toujours pré-

---

[1] Della Marmora, Voyage en Sardaigne, 2e partie, p. 353.

[2] Digest., l. 1, tit. 28, leg. 6, § 8 et 11, *De officio præsidis;* l. 1, tit. 16, leg. 7, § 2 et 8, *De officio proconsulis.*

[3] Cicero, *in Vatinium,* § 15.

[4] Cicero, *ad Quintum fratrem Epist.,* l. 1, ep. 1. Adam, *Ant. rom.,* t. 1, p. 235.

[5] *Codex Theod.,* l. 1, tit. 7, *De officio rect. provinciæ.* Comment. Gothofredi.

sent à la pensée le proverbe suivant : *Neque omnia, neque quovis tempore, neque ab omnibus.* Telles étaient les principales instructions auxquelles ils devaient se conformer [1]. Le trésor public pourvoyait [2] aux besoins de tous les fonctionnaires. Ils n'eurent un traitement que sous les empereurs.

La justice s'administrait ordinairement pendant l'hiver, dans les villes principales nommées *conventus, conciliabula*, où étaient tenus de se rendre les plaideurs et les citoyens romains [3]. Les audiences du magistrat étaient appelées *sessiones*, et quelquefois *conventus*. Les jours et l'heure étaient fixés par le juge.

Au préteur seul appartenait le pouvoir absolu, *merum et mixtum imperium*, moins le droit de condamner à la déportation [4]. Il pouvait confier l'exercice de son autorité au lieutenant destiné à le remplacer, mais à charge d'appel [5]. A son arrivée dans la province, ainsi qu'au commencement de chaque année, le préteur rédigeait, comme à Rome, une liste des juges, *decuriæ judicum*, appelée aussi par fois *conventus* [6]. Ces listes étaient affichées dans le forum, après l'affirmation du préteur de n'y avoir inscrit que des gens de bien, *judices in albo relati*. Les juges assistaient aux procès criminels et civils, *publica judicia, privata judicia*. Ils se nom-

---

[1] Dig., l. 1, t. 16, *De officio proconsulis;* tit. 18, *De officio præsidis.*

[2] Cicero, *in Verrem*, act. 2, l. 4, § 5.

[3] Cicero, *ad Atticum Ep.*, l. 5, ep. 14. Tite-Live, Hist. rom., l. 34, § 48; l. 40, § 37.

[4] *Dig.*, l. 2, t. 1, leg. 3, *De jurisd.;* l. 18, t. 22, leg. 6, § 1, *De interdictis, relegatis et deportatis.*

[5] *Dig.*, l. 49, t. 3, leg. 2, *Quis a quo appelletur.*

[6] Festus, v° *Conventus.*

maient *recuperatores*, quelquefois *judices* [1], et presque toujours étaient choisis parmi les citoyens romains habitants de la province. Les personnes non inscrites sur la liste et appelées, dans certaines occasions, à juger, ce qui pouvait arriver, étaient nommées *instantanei*. La procédure alors était sans doute plus abrégée et l'objet du litige mieux déterminé. Les *recuperatores* rendaient la justice au nombre de 3, de 5, et, pour les procès importants, au nombre de 20 [2]. Ils devaient être agréés des parties intéressées, nommés par le gouverneur, avec le consentement de celles-ci, ou désignés par le sort, et, comme on disait, *d'office*. Les plaideurs ne pouvaient motiver les récusations des juges [3].

Dans la procédure criminelle des provinces, on se conformait, au moins en grande partie, aux coutumes romaines, quand se taisaient les statuts particuliers [4]. La cause était engagée à l'instant où l'accusateur demandait au magistrat le jour où il pourrait développer son accusation. Lorsque plusieurs accusateurs se présentaient ensemble pour se plaindre du même crime, il y avait quelquefois contestation, *divinatio*, pour la préférence [5]. Le choix fait et le jour indiqué, l'accusateur intimait à l'accusé de comparaître. Il exposait alors par écrit son accusation, *dilatio nominis et dilatio criminis*,

---

[1] Cicero, *in Q. Cœcilium divinatio*, § 17. Festus, v° *Recuperatio*. Apuleius, *De mundo*, c. 35.

[2] Cicero, *in Verrem*, act. 2, l. 3, § 60. Tite-Live, Hist. rom., l. 3, § 2. Gaii Institut. comment., l. 1, § 20.

[3] Cicero, *in Verrem*, act. 2, l. 3, § 11, 13, 41, 60.

[4] Cicero, *pro Flacco*, § 17.

[5] *Dig.*, l. 48, t. 2, leg. 16, *De accusationibus et inscriptionibus*.

contenant l'inscription *in crimen*, c'est-à-dire l'indication du crime et de la peine applicable ; et *subscriptio
in crimen*, ou l'engagement de persister dans l'accusation jusqu'à la sentence définitive, et de se soumettre
au châtiment infligé par les lois, dans le cas où les imputations seraient reconnues calomnieuses [1]. Lorsque
l'accusateur était en droit de poursuivre l'accusé, et que
ce dernier pouvait être traduit en justice, le préteur
recevait la plainte, et la faisait transcrire, *referre
inter reos*, sur une tablette exposée publiquement.
Si l'accusé était absent, on le citait pendant trois marchés consécutifs, de neuf en neuf jours, *trinundinum;*
la citation se faisait par édit, *edictum*, et était affi-
chée dans le forum. S'il était présent, ou s'il se présentait après la citation, les juges étaient d'abord désignés par le préteur [2] ; ensuite venait l'interrogatoire
ex lege. L'accusé avouait-il son crime, il était reconnu
coupable, et l'affaire était terminée ; le niait-il, ou pro-
posait-il des exceptions, on fixait le délai nécessaire
pour faire les enquêtes et recueillir les preuves à pro-
duire en justice. Ce délai variait de 10 à 30 jours, quelquefois il était plus long, selon les circonstances. En
attendant, le procès s'instruisait entre l'accusateur et
l'accusé : l'accusation étant portée au nom de la société,
l'accusateur était considéré comme un fonctionnaire
public. Il était permis à l'accusé de placer quelqu'un
près de l'accusateur pour lui ôter les moyens de cor-
rompre les témoins ou de commettre toute autre espèce
de fraude. Au jour désigné pour l'accusation, *prædicta
dies*, le crieur public citait à haute voix l'accusateur et

---

[1] *Dig.*, l. 48, t. 2, leg. 3 et 7.
[2] Cicero, *in Verrem*, act. 2, l. 2, § 15 et 16.

l'accusé. Si ce dernier ne se présentait pas ou ne se faisait pas légalement excuser, il était condamné par contumace. On faisait le dénombrement de ses biens qui devenaient, au bout d'un an, la propriété du fisc. Si l'accusateur manquait à l'appel, il était puni, *extra ordinem*, suivant le sénatus-consulte Turpilien [1]. Quand les deux parties étaient présentes, l'accusateur renouvelait l'accusation ; l'accusé se défendait ; puis on passait aux débats, c'est-à-dire, à l'audition des témoins, à l'examen des titres, *tabellæ*, et aux plaidoiries qui pouvaient durer plusieurs jours ; enfin, les juges prononçaient la sentence de condamnation ou d'acquittement ; s'il y avait incertitude dans leur esprit, ils formulaient leur doute en ces mots : *non liquet*, et il y avait alors prorogation, *ampliatio*, de l'affaire et du jugement ; le préteur accordait de nouveaux délais pour plaider la cause. La sentence était rendue publiquement par le magistrat siégeant *pro tribunali* [2].

Les peines appliquées aux coupables étaient prescrites soit par les statuts de la province et des diverses villes qui en dépendaient, soit par les lois Cornelia *de sicariis, de veneficiis, de testamentis,* Pompeia *de parricidiis,* Julia *de adulteriis, de vi privata, de vi publica.* Les condamnés étaient punis par l'amende, la prison, la bastonnade, les verges, le talion, l'infamie, la mort civile et naturelle [3].

Les esclaves étaient encore soumis à la torture ainsi qu'au supplice de la croix et de la fourche, dont ils por-

---

[1] *Dig.*, l. 48, t. 12, leg. 1 et 3, *ad S. C. Turpillianum.*

[2] Beaufort, l. 5, c. 5, t. II, p. 111. Pagano, *Considerazioni sul processo criminale*, c. 7.

[3] Beaufort, t. 2, l. 5, c. 4. Isidore, *Originum* l. 5.

taient les instruments sur leurs épaules jusqu'au lieu à
ce destiné [1]. Les sentences étaient sans appel.

Les actes de ces procédures étaient dans le principe
entièrement oraux. Peu de temps avant Cicéron , ils
furent rédigés en latin ; quelques-uns l'étaient, en outre , dans l'idiome particulier à la province [2].

Relativement à la justice civile, les préteurs exerçaient
deux sortes de juridiction : l'une volontaire, *voluntaria;*
l'autre litigieuse, *litigiosa.*

La juridiction était volontaire, quand le préteur, soit
dans la province, soit ailleurs , n'intervenait que pour
donner aux actes légaux passés de bon gré, *inter volen-
tes,* l'authenticité nécessaire pour qu'ils fissent foi en
justice. L'affranchissement des esclaves, les adoptions ,
la nomination des tuteurs et curateurs , les cessions *in
jure,* et la mise en possession de biens , *missio in possessionem bonorum,* étaient des actes appartenant à la
juridiction volontaire. On appelait actes solennels ceux
auxquels étaient nécessaires, pour leur exécution, l'action de la loi, *legis actiones,* et la présence du magistrat
supérieur ; non solennels, ceux que le préteur abandon-
nait aux officiers subalternes.

La justice litigieuse était administrée sans l'aveu des
personnes, *inter nolentes,* et seulement dans les limites
de la province.

La procédure varia chez les Romains jusqu'au règne
de Dioclétien. La plus ancienne fut celle des actions de
la loi, c'est-à-dire, des cinq formules prescrites pour procéder régulièrement. Ces formules , dites légitimes ,

---

[1] Terentius, *Andria,* act. 3 , sc. 5 , *Furcifer.*
[2] *Dig.,* l. 42, t. 1, leg. 48 ; l. 12, t. 2, leg. 13 , § 6. *Cod. Just.,*
l. 2 , t. 12 , leg. 16 et 17.

composées de gestes et de paroles , étaient déterminées avec une telle précision, que la plus légère faute suffisait pour faire perdre le procès. Elles étaient, avons-nous dit, au nombre de cinq, savoir : 1° le dépôt d'une certaine somme qui pouvait être confisquée, *sacramentum ;* 2° la demande d'un juge arbitre du procès, *judicis postulatio ;* 3° la citation donnée à l'accusé de se présenter en justice, *condictio ;* 4° le pouvoir de lui mettre la main dessus pour le conduire devant le juge, *manûs injectio;* 5° l'autorisation d'entrer en possession de ses biens, *pignoris capio* [1].

Mais l'absurde rigueur de cette procédure ayant déplu aux Romains, les actions de la loi furent , avant Cicéron, remplacées, au moins dans la pratique, en vertu des lois *Æbutia* et *Julia* , par la procédure dite des formules , *per formulas* , lesquelles étaient rédigées par le préteur pour les procès que voulaient intenter les plaideurs [2]. Cette procédure se divisait en deux instances : la première comprenait les actes passés devant le magistrat , *in jure;* la seconde, ceux auxquels présidait le récupérateur.

A l'égard de la première , il fallait, pour obtenir la formule du préteur, procéder à la citation, *jus vocatio* [3]; à la fidéjussion, *cautio judicii sistendi* ou *vadimonium* [4]. Le magistrat pouvait accorder ensuite au demandeur, contre le défendeur absent ou non excusé, la mise en

---

[1] Gaïus , l. 4, § 11, 12, 13, 14, 18, 21, 26.

[2] Gaïus , l. 4, § 30, 46. Cicero , *pro Q. Roscio* , § 4.

[3] Gaïus , l. 4, § 46. *Dig.*, l. 2, t. 5, leg. 2 , § 1.

[4] Gaïus , l. 4 , § 185. *Dig.*, l. 2, t. 6. leg. 1, *in jus vocati ut eant.*

possession des biens, *missio in possessionem bonorum* [1];
et contre les comparants, la demande de l'action, *actionis editio* [2]; enfin la désignation du récupérateur
chargé de juger la cause, *litis contestatio* [3]. La formule,
rédigée par le magistrat d'après ces actes, devait contenir l'indication du fait litigieux, *demonstratio* [4], la
demande de celui qui intentait l'action, *intentio* [5], la
faculté pour le récupérateur d'attribuer l'objet en litige à l'une ou à l'autre des parties, *adjudicatio* [6], le
pouvoir de condamner ou d'acquitter, *condemnatio* [7].
Le magistrat avait le droit d'accorder ou de refuser ces
formules, et, dans ce dernier cas, le procès n'avait pas
lieu.

La seconde instance de la procédure comprenait les
actes passés devant le récupérateur; dans celle-ci, on procédait d'abord à la comparution sans fidéjussion, *comperendinatio* [8]; si le demandeur n'était pas présent, la
formule était annulée et la cause jugée; si le défendeur
était absent, le juge donnait le droit de le citer par un
édit spécial, *peremptorium edictum* [9], et, dans le cas où
il ne comparaissait pas, le déclarait contumace et le
jugeait; mais, si l'accusé parvenait à justifier son absence, le magistrat le rétablissait entièrement dans sa

---

[1] Gaïus, l. 3, § 78. *Dig.*, l. 42, t. 4, leg. 7.

[2] Cicero, *pro Cæcina*, § 3.

[3] Gaïus, l. 3, § 180-81. *Dig.*, l. 6, t. 1, leg. 25. Bonjean, *Traité des actions*, t. 1, p. 473 et suiv.

[4] Gaïus, l. 4, § 40.

[5] *Ibid.*, § 41.

[6] *Ibid.*, § 42.

[7] *Ibid.*, § 43. *Dig.*, l. 50, t. 17, leg. 37.

[8] Gaïus, l. 4, § 15. Festus, v° *Res comperendinata*.

[9] *Dig.*, l. 5, t. 1, leg. 68-71, *De judiciis*.

position première , *restitutio in integrum* [1], et annulait le jugement rendu. Alors avaient lieu les débats publics , l'audition des témoins , l'examen des preuves et des documents, *instrumenta* [2]; quelquefois on avait recours au serment, *jusjurandum* [3], à l'aveu, *confessio in jure* [4]; enfin le récupérateur prononçait la sentence à voix haute , publiquement , en présence des parties. Dans le principe , ces sentences étaient orales , selon l'usage des temps anciens; puis elles furent rendues par un jugement écrit, *ex tabella pronuntiare* [5]. La décision du fait emportait celle du droit [6]; elle était motivée [7], irrévocable [8], sans appel.

Outre la procédure judiciaire, appelée *ordo privatorum judiciorum ,* le préteur avait le pouvoir de juger sans l'intervention du récupérateur, *extraordinaria cognitio.* Dans ce cas, la demande s'appelait *persecutio* [9], et la sentence, *decretum.* Ce mode de procéder avait lieu dans la juridiction volontaire, quelquefois dans la litigieuse; et, quand il s'agissait de procès relatifs aux limites de propriétés, *controversiæ agrariæ*, les récupérateurs étaient remplacés par des arpenteurs, *agrimen-*

---

[1] *Dig.*, l. 5, t. 1, leg. 73, § 3; l. 49, t. 1, leg. 23, § 3.

[2] *Dig.*, l. 5 , t. 1, leg. 2, § 3 ; l. 22 , t. 5, leg. 3 et 28. Pauli, *Sentent. recept.*, l. 5, t. 15, § 4.

[3] *Dig.*, l. 12, t. 2, leg. 3, 7, 34, § 6, *De jurejurando.*

[4] *Dig.*, l. 42, t. 2, leg. 1, *De confessis.*

[5] *Dig.*, l. 42, t. 1, leg. 59, § 1, et leg. 60. Suetonius, *D. C. Cæsar*, § 15. Seneca , *De beneficiis*, l. 3, § 7.

[6] *Dig.*, l. 5, t. 1, leg. 79, § 1. Varro , *De linguá latiná*, l. 6, § 61.

[7] *Dig.*, l. 49, t. 8, leg. 1, § 1. *Cod. Justin.*, l. 7, t. 64, leg. 3.

[8] *Dig.*, l. 42, t. 1, leg. 14, 55, *De re judicata.*

[9] *Dig.*, l. 50, t. 16, leg. 178, § 2, *De verborum significatione.*

sores, établis juges du fait seulement, mais aux avis desquels il paraît que le magistrat devait se conformer [1].

Vers la fin de la république, les Romains fondèrent
en Corse deux colonies, la première, entre les années
653 à 662 de Rome, sous le gouvernement de C. Ma-
rius, d'où elle fut appelée *Mariana ;* l'autre, vers l'an
673, sous celui de Sylla : celle-ci conserva son ancien
nom d'Aleria [2].

D'après Sénèque, elles étaient composées de citoyens
romains ; mais cet auteur n'indique pas si elles étaient
civiles, *plebeiæ*, *togatæ*, ou militaires, *militares*, ni
si elles se composaient, comme les premières, de citoyens et de soldats, ou, comme les secondes, de lé-
gionnaires.

Je suis porté à croire que la colonie Mariana était for-
mée de citoyens, et celle d'Aleria, de militaires, Sylla
ayant été le premier, dans l'année 673, à donner
l'exemple de semblables colonies, en partageant une
très-grande étendue de terres entre ses légions [3].

Le gouvernement de ces colonies ressemblait entièrement à celui de Rome, quant à la religion, aux lois,
à la magistrature, à l'administration et aux cérémonies
publiques [4] ; seulement, le sénat de la colonie était appelé
collegium decurionum ; les consuls se nommaient *duumviri ;* les censeurs, *duumviri quinquennales ;* et, en
quittant Rome, les colons perdaient le droit de suffrage,
que pourtant ils pouvaient conserver par privilége,

---

[1] Bonjean, t. 1, p. 525 et suiv.

[2] Seneca, *ad Helviam*, § 8. — P. Mela, *De situ orbis*, l. 2, c. 27.
— Plinii Hist. nat., l. 3, c. 6.

[3] Tite-Live, *Epitome* 89.

[4] Aulu-Gelle, l. 16, c. 13.

immunitas. Les anciens auteurs, dans les passages relatifs aux colonies de la Corse, se taisent à ce sujet [1].

Lorsque Rome passa sous le régime monarchique, les provinces de l'empire furent partagées entre Octave et le sénat. La Sardaigne, à laquelle était jointe la Corse, prit rang parmi les sénatoriales ou proconsulaires, et fut soumise au gouvernement d'un préteur [2]. Dans chaque province, Auguste plaça un procureur impérial, *procurator Cæsaris* [3], intendant du trésor particulier du souverain et son agent principal ; plus tard, l'usage voulut que les petites provinces fussent soumises au gouvernement de procureurs impériaux. Si je ne me trompe, il faut rapporter à cette époque la séparation du gouvernement de la Sardaigne de celui de la Corse. Auguste, mû sans doute par le désir de diminuer l'importance des préteurs et de mieux organiser l'administration, donna le premier exemple de semblables divisions. Il est à propos de rappeler à ce sujet l'inscription publiée par Muratori [4], et trouvée, en 1669, sur le rivage septentrional de la Corse, pendant le gouvernement de Frédéric Impériale. Dans cette inscription sont mentionnés trois procureurs de l'empereur, gouverneurs de la Corse après Decimus Pacarius, dont parle Tacite ; un procès pendant entre les Vanacini et les Mariani ; les priviléges accordés aux Vanacini par Auguste, pendant son septième consulat ; priviléges maintenus jusqu'au règne de Galba et confirmés par Vespasien. Cette épître impériale, adressée

---

[1] Adam, t. I, p. 110.

[2] Strabonis *Geographia*, l. 17.

[3] Dion-Cassius, *Hist. rom.*, l. 52, § 25 ; l. 53, § 15. — Strabon, l. 17. — Tacite, *Annal.*, l. 12, § 60.

[4] *Novus thesaurus veterum inscriptionum*, t. I, p. 1091, 1. Mediolani, 1740.

aux magistrats et au sénat des Vanacini, a soulevé quelques doutes sur son authenticité. Il me semble cependant que ceux émis par Muratori seraient beaucoup
affaiblis, si ce savant écrivain avait réfléchi davantage
sur la valeur réelle du titre de sénat donné au collége
des décurions de dix villes de la Sicile[1]. Faute de
renseignements plus certains pour éclaircir ce point
historique, il est permis de présumer que les priviléges indiqués dans l'inscription précitée, peuvent
être rapportés à des concessions semblables à celles que,
du temps de la république, les Romains accordèrent
à diverses villes de la Sicile, relativement à leur administration municipale, à leur culte, à leurs coutumes,
au nom et à la dignité de leurs curies[2]; bienfaits sagement entendus, par lesquels Auguste avait espéré
récompenser peut-être les services que les Corses avaient
rendus à sa cause, et captiver davantage l'affection des
habitants d'une province dans laquelle, selon Cicéron,
Rome ne comptait encore aucune ville amie et par conséquent dotée de priviléges. Cette conjecture acquiert
même, dans mon esprit, le caractère de la certitude, en
réfléchissant à l'époque bien connue de la création des
prêtres d'Auguste, institués peut-être par les Vanacini,
en l'honneur de leur illustre bienfaiteur[3].

Avec l'établissement de la monarchie parurent successivement de nouveaux règlements pour le gouvernement
des provinces. La Corse eut donc son procureur impérial,

---

[1] Gregorio, *Discorsi intorno alla Sicilia*, t. 1, p. 120.

[2] Cicero, *in Verrem*, act. 2, l. 2, § 49, 50, 53, 66, 67.

[3] Cicero, *Frag. ex orationibus*, *pro Scauro*, § 11. *Quæ est enim
præter Sardiniam, quæ nullam habet amicam pop. rom. ac liberam
civitatem ?*

vice præsidis [1], chargé de remplacer le gouverneur. La durée du pouvoir de cet officier était d'un an ; Tibère la porta à trois et même à six années. Il recevait un traitement, comme les autres officiers qui l'entouraient, choisissait ses lieutenants avec l'agrément du prince, et administrait la justice, comme sous la république, dans des *conventus*. On pouvait appeler de ses sentences à l'empereur [2], qui jugeait lui-même le procès ou déléguait, pour le juger, le préteur de Rome, *urbis*, dans la juridiction de laquelle était comprise la Corse : ce frein salutaire avait manqué aux préteurs de la République ; il servit, sous l'empire des Césars, à avertir ces magistrats de la surveillance exercée par celui qui pouvait les récompenser ou les punir et écouter les doléances ou les témoignages de satisfaction des peuples placés sous leur autorité.

Auguste créa, dans l'intérêt de la juridiction criminelle, une milice dont les membres étaient nommés stationnaires, *stationarii*. A la tête de cette troupe, instituée pour veiller à la sûreté publique, était un officier nommé plus tard irénarque, *irenarcha*, chargé d'instruire contre les criminels, de les interroger et d'envoyer les actes de la procédure au président, lequel continuait le procès selon l'ancienne législation [3].

La juridiction civile suivit les traces des premiers temps, si ce n'est que, dans la décision des causes, on procéda presque toujours sans l'intervention du récupérateur, *extra ordinem ;* de là vint pour les juges le

---

[1] Panciroli *in Notitiam imperii occident. Comment.*, cap. 56.

[2] *Dig.*, l. 1, t. 18, leg. 4 ; l. 1, t. 16, leg. 8.

[3] Suetonius, *Aug.*, c. 32.—*Codex Theod.*, l. 12, t. 14, leg. unica, et Comment. Gothofredi.

besoin de s'entourer des lumières de conseillers, *assessores*, *consiliarii*, ayant seulement voix consultative. Ces *assesseurs* déjà connus sous la république, instruits dans la connaissance des lois, appelés suivant la volonté du magistrat pour l'assister dans les jugements, étaient sans autorité, sans voix délibérative, sans traitement, jusqu'au temps de Sévère, qui transforma leur concours en office public dont la durée se prolongea jusqu'à l'abolition de la procédure des formules[1]. Alors s'introduisit l'usage adopté par les procureurs impériaux de consulter le prince dans les causes difficiles et importantes, *referebant*, ou de le supplier, après l'instruction de la cause, de prononcer le jugement, *consultabant*[2].

Aux règles de la formule, *formula provinciæ*, aux lois, aux sénatus-consultes, à l'édit du gouverneur, venaient se joindre l'autorité des édits du prince, *edictales leges*, qui avaient force de loi, et les avis des jurisconsultes, *responsa prudentum*, désignés par le prince[3].

Par la suite, et lorsque la puissance monarchique fut affermie, de nouveaux règlements furent ajoutés aux anciens. Adrien créa, pour chaque province, un avocat du fisc, chargé d'intervenir en justice, dans les procès pendants entre les particuliers et le trésor impérial, de remplir les fonctions d'accusateur public, et de juger les causes particulières aux colons du prince, *coloni dominici*[4]. Adrien, suivant les intentions d'Au-

---

[1] C. Plinii Cœcilii *Epist.*, l. 6, Ep. 11. — *Dig.*, l. 1, t. 22, leg. 1 et 5. — *Codex Just.*, l. 1, t. 51, *De assessoribus.* — *Codex Theod.*, l. 1, t. 12. *Paratit.*, leg. 1, et Comment. Gothofredi, *De assessoribus.*

[2] Gunther, *De offic. dom. augm.*, l. 1, c. 28.

[3] *Dig.*, l. 1, t. 2, leg. 2, § 44, *De origine juris.*

[4] Ælii Spartiani *Hadrianus Cæsar*, p. 143. — *Oper. vitæ Cæsarum. Basileæ.* 1546. — *Codex Justin.*, l. 3, t. 26, leg. 7.

guste, réunit les anciens édits des préteurs de Rome et des provinces en un seul édit auquel il donna le nom de perpétuel, *edictum perpetuum;* édit invariable, obligatoire pour tout l'empire, œuvre du jurisconsulte et préteur Salvius Julianus, règle pour les gouverneurs des provinces, qui seuls avaient le droit d'y ajouter quelques dispositions, mais sans jamais abroger ou violer ses prescriptions dans la décision des causes [1].

A ces lois, il faut ajouter les constitutions, *constitutiones*, à l'aide desquelles Adrien pourvut à la bonne administration des peuples [2], et les avis des jurisconsultes, auxquels il donna force de loi, toutes les fois qu'ils seraient unanimes, par écrit, reconnus authentiques par le sceau de leurs auteurs : en cas de divergence entre ces jurisconsultes, le juge choisissait l'opinion qui lui semblait la meilleure et était obligé de s'y conformer [3].

A dater de cette époque, on ne voit plus figurer, dans le Code, les lois proprement dites, *leges populi;* et, de Septime Sévère à Caracalla, disparurent les sénatusconsultes qui les avaient remplacées ; elles prirent peu à peu, pour l'administration de l'empire, le nom de constitutions, *constitutiones ad omnes, edicta ;* pour la juridiction, celui de rescrits, *rescripta*, quand c'était des décisions du prince, obligatoires pour le magistrat, rendues sur des procès à peine entamés, indiquant le juge auquel était délégué le jugement de la

---

[1] *Dig.*, l. 1, t. 2, leg. 2, § 44 ; l. 2, t. 7, leg. 1, § 2. — Eutropii *Hist. rom.*, l. 8, p. 424. — *Op. vitæ Cæsar. Basileæ*, 1546. *Cod. Just.*, l. 1, t. 17, leg. 2, § 18.

[2] Tertull., *Apolog.*, c. 4.

[3] Marezoll, *Droit privé des Romains*, p. 63.

cause, décisions accordées à la requête des magistrats ou des parties ; et celui de décrets, *decreta*, *interlocutiones*, ou sentences dictées par le prince, dans les procès référés à l'autorité souveraine ou sur l'appel des magistrats[1].

Les innovations opérées par Dioclétien furent plus remarquables encore. La décadence vers laquelle penchait l'empire, demandait des ordonnances sages et propres au noble but vers lequel tendait le prince affligé et effrayé de l'état d'abjection dans lequel était tombé le trône des Césars. Son premier et principal soin fut donc d'annihiler l'autorité du sénat, d'enlever les armes aux prétoriens et au peuple[2], pour fermer toute voie de violence et de sang aux ambitieux jaloux du suprême pouvoir ; d'entourer de splendeur la majesté royale, afin d'imprimer plus de crainte et d'obéissance aux sujets[3] ; de diviser l'empire en grandes provinces, confiées à des hommes capables d'assurer et de rendre plus efficace l'action du gouvernement ; de diminuer la puissance dangereuse des préfets du prétoire, en augmentant leur nombre ; de séparer le pouvoir civil du pouvoir militaire. Il se constitua enfin le centre de cet empire presque sans limites, en remplaçant partout les anciennes formes républicaines par d'autres formes plus en harmonie avec la puissance monarchique[4]. Le prince partagea donc l'empire romain en quatre préfectures, composées de gouvernements subalternes appelés diocèses, subdivisés

---

[1] *Just. Inst.*, l. 1, t. 2, § 6. — *Dig.*, l. 1, t. 4, leg. 1, § 1 ; l. 49. t. 1, leg. 26.

[2] Lactantius, *De morte persecutorum*, c. 26.

[3] Eutrop., l. 9, p. 418.— *Vita Cæs.*, cit.

[4] Eutrop. *Brev.*, l. 9, p. 418.

à leur tour en juridictions moins étendues nommées provinces. On compte, à partir de cette époque, quatre préfets du prétoire, un vicaire pour chaque diocèse, un recteur par province, honorés des titres de proconsul, consulaire, gouverneur, président, tous différents par leur rang, leur dignité, leur dénomination, mais égaux en autorité dans leur juridiction respective [1].

La charge de préfet du prétoire, créée par Auguste, devenue plus importante sous Tibère et sous Commode, perdit de son autorité sous Marc-Aurèle, et devint stable vers le règne d'Alexandre-Sévère. Les préfets du prétoire furent pris alors dans le sénat. Ils l'avaient été jusque-là dans l'ordre des chevaliers. Leur nombre a varié : il y en a eu dans le principe deux, ensuite un seul, puis deux, quelquefois trois, quatre sous Dioclétien et Constantin, cinq sous le règne de Justinien. Dioclétien les chargea du gouvernement, et leur donna le pouvoir de promulguer des édits ayant force de loi, de proposer à la nomination du prince les recteurs, de les surveiller, de les suspendre de leur emploi, et de les remplacer temporairement [2]. Représentant du souverain, *vice sacra*, le préfet du prétoire exerçait la juridiction de premier et de dernier ressort, principalement quand le magistrat, *judex ordinarius*, était suspect [3]. Les causes se portaient à son tribunal ou à celui du vicaire, suivant les distances et l'importance des procès. Il prononçait

---

[1] Lactantius, *De morte persecut.*, c. 7.

[2] *Cod. Just.*, l. 1, t. 26, leg. 2 et 4.—*Cod. Theod.* l. 1, t. 5, *De officio præfectorum prætorii.*

[3] *Ammiani Marcellini*, rer. gest. l. 27, c. 7.—*Cod. Theod.*, l. 1, t. 7, leg. 1; l. 11, t. 30, leg. 16.

sur les appels des jugements des recteurs [1]. Ses décisions furent d'abord rendues avec charge du recours au
prince [2]; plus tard ce recours fut interdit comme appel [3],
mais toléré, pourvu qu'il fût fait avant le terme de deux
ans, quand le requérant suppliait le prince de revoir la
sentence de ce magistrat suprême [4]. Il était assisté dans
sa préfecture par plusieurs assesseurs, *consiliarii*, choisis par lui, et formant un conseil auquel fut donné le
nom d'*auditorium*, que portait celui du prince.

Les diocèses avaient pour premiers magistrats les vicaires, qui étaient nommés par l'empereur, et jouissaient dans leur juridiction d'une autorité semblable à
celle des préfets, mais dont les sentences pouvaient être
déférées au tribunal du souverain, ou par délégation
au préfet du prétoire, et, depuis Théodose, à un conseil particulier [5].

Le recteur, *judex ordinarius*, n'avait pas une moindre
autorité que les vicaires dans les diocèses; toutefois,
relativement à la juridiction, ses sentences étaient sujettes à appel au criminel, dans tous les cas, et au civil,
dans les causes dont ne pouvaient connaître les magistrats municipaux, dans celles concernant les personnes
privilégiées, et dans celles relatives au commandement,
imperium [6].

---

[1] *Cod. Theod.*, l. 1, t. 7, leg. 7; l. 2, t. 3o, leg. 16, 27, 67.

[2] D. Cassius, l. 52, § 33.

[3] *Cod. Theod.*, l. 11, t. 3o, leg. 16.—*Dig.*, l. 1, t. 11, leg. 1, § 1.

[4] *Cod. Just.*, l. 7, t. 42, leg. 1; t. 67, leg. 1.

[5] *Cod. Theod.*, l. 1, t. 15, leg. 15, 17, *De officio vicarii*; lib. 5,
priores per Wenck (Leipzig, 1825, 1 vol. in-8); l. 11, t. 3o, leg. 16,
5·, 61, *De appellat. et consult.*— *Cod. Just.* l. 7, t. 62, leg. 32, *De
appellat. et consult.*

[6] *Dig.*, l. 1, t. 18, leg. 6, § 8, et leg. 10, *De officio præsidis.*—*Cod.*

Sous la république et dans les premiers temps de l'empire, la justice se rendait dans les *conventus;* mais, après l'abolition des récupérateurs, le prétoire fut établi dans le lieu où le recteur avait sa résidence, c'est-à-dire dans la ville principale de la province [1]. On ignore dans quelle ville de la Corse siégeait le gouverneur romain.

On doit attribuer également à Dioclétien les bases plus régulières données au conseil d'État, et l'éclat dont il entoura ce corps, nommé auparavant *auditorium*, depuis lui, *sacrum consistorium*, réunion de personnes choisies par le prince pour l'assister dans ses audiences, et devant lesquelles s'agitaient les graves questions relatives à l'administration, à la législation, à la juridiction de l'empire [2]. Connu du temps de la république, organisé par Auguste, sous lequel il acquit plus d'importance et prit le nom de conseil privé [3], conservé par les autres césars, qui le composèrent suivant leur caprice, ce corps reçut, à ce qu'il paraît, une nouvelle et meilleure organisation durant le règne d'Adrien [4]. Tous les empereurs eurent un conseil institué pour régler les affaires concernant l'État, mais plus particulièrement chargé de la juridiction [5] et de l'expédition des causes

---

Theod., l. 9, t. 1, leg. 13, *De accusat. et inscript.* — *Cassiodori variarum*, l. 6, form. 21.

[1] *Cod. Theod.*, l. 7, t. 10, leg. 2, *Ne quis in palatiis maneat;* l. 14, t. 27, leg. 35, *De operibus publicis.*

[2] *Cassiod. var.*, l. 6, form. 6. — Amm. Marcell., l. 14, c. 7; l. 28, c. 1. — Lydus, *De magistratibus*, l. 2, § 26. — *Cod. Just.*, l. 1, tit. 14, leg. 8, *De legibus.* — *Cod. Theod.*, l. 12, t. 12, leg. 10, *De legatis et decretis.*

[3] Cass. Dion, l. 53, § 14, 21; l. 56, § 28.

[4] Sext. Aur. Victor, Ælius Adrian.

[5] Cass. Dion, l. 53, § 21; l. 56, § 28; l. 57, § 7; l. 60, § 4. —

si nombreuses qui étaient portées au tribunal suprême du prince.

Dioclétien assigna une place dans le sacré consistoire aux quatre officiers suivants : le questeur du sacré palais, *quæstor sacri palatii*, le maître des offices, *magister officiorum*, le comte des largesses, *comes sacrarum largitionum*, le comte du trésor privé, *comes rei privatæ*, et à un grand nombre d'autres fonctionnaires publics, appelés, suivant leur grade ou leurs attributions, comtes du consistoire, *comites consistoriani*, ou comtes sans fonctions, *vacantes*, ou comtes honoraires, *honorarii* [1]. L'empereur donnait audience solennelle avec l'assistance de ce conseil [2]; les officiers de la chancellerie y lisaient les rapports des conseillers en présence des plaideurs, auxquels il était permis de comparaître en personne ou par procureur, et de plaider leur propre cause [3]. Les conseillers donnaient leur avis par ordre,

---

Sueton. Tib., § 55 ; Nero, § 15. — *Dig.*, l. 36, t. 1, leg. 32, *Ad SC. Trebellianum.*

[1] *Cod. Theod.*, l. 11, t. 39, leg. 5, *De fide testium*; l. 6, t. 9, leg. 1, *De quæstoribus*; l. 7, t. 8, leg. 3, *De metatis*; l. 9, t. 14, leg. 3, *Ad legem Corneliam de Sicariis*; l. 6, t. 29, leg. 1 et 4, *De palatinis Sacr. largit.*; l. 6, t. 18, leg. 1, *De comitibus vacantibus*; l. 6, t. 22, leg. 8, *De honorariis codicillis.* — *Cod. Just.*, l. 12, t. 5, leg. 2, *Ut dignitatum ordo servetur.*

La première classe des comtes en comprenait de trois sortes : les uns joignaient au titre l'exercice des fonctions ; les seconds, après avoir administré, obtenaient le titre comme récompense de leurs services, et on les appelait *vacantes* ou *otiosos*, parce qu'ils ne remplissaient aucune fonction ; les troisièmes, *honorarii*, n'administraient ni n'avaient administré, et recevaient le titre *pretio aut gratiâ.* (Godefroy, Comment. sur le code Théod.) (*Note du traduct.*)

[2] Cassiod., *Variar.*, l. 6, form. 6. — Amm. Marcell., l. 14, c. 7, — Lydus, *De magistratibus*, l. 2, § 26.

[3] *Cod. Just.*, l. 7, t. 62, leg. 37, 39, § 1. *De appellat. et consult.*

suivant leur rang[1]. A l'empereur appartenait la décision
de la cause. La sentence était lue par le questeur[2] du
sacré palais, *quæstor sacri palatii;* et, quand le prince
était absent, on lui soumettait l'avis du conseil, à l'aide
duquel il rendait son jugement[3].

Plus de six cents lois furent promulguées sous le
règne de Dioclétien : religion, morale publique, droit
public et particulier, justice, commerce, enfin tout ce
qui pouvait concourir à assurer le repos et le bonheur
de ses sujets, devint l'objet des ordonnances dues à la
sagesse de ce prince[4].

La justice lui est particulièrement redevable de plusieurs lois utiles à la morale publique et privée. Il suffira
de citer, pour le droit criminel, celle qui imposait au dé-
nonciateur d'un crime ou d'un délit, l'obligation de porter plainte, soit de vive voix, soit par écrit, devant le magistrat, moyen de mettre un terme aux coupables abus des
délations secrètes[5]; pour la juridiction civile enlevée aux
récupérateurs, la loi qui enjoignait au magistrat de rendre par lui-même la justice, ou de ne déléguer, lorsqu'il
y avait nécessité, aux juges pédanés, *pedanei*, que les
causes de peu d'importance, et à charge d'appel à son
tribunal[6]. Ces juges pédanés, dont il sera encore question
plus tard, pris ordinairement dans la curie, tiraient

---

[1] *Novellæ constitut. Just.*, nov. 62, *De consult.*
[2] *Ibid.*, nov. 126, *Princip.*, et c. 1.
[3] *Ibid.*, nov. 62.
[4] *Cod. Just.*, l. 1, t. 18; l. 2, t. 3, 4, 39; l. 3, t. 3, 13, 22, 23, 32;
l. 4, t. 6, 12, 13, 43, 51; l. 5, t. 3, 4, 17; l. 6, t. 25, 30; l. 7, t. 31,
32, 33, 60, 72; l. 8, t. 2, 4, 10, 14, 16, 18, 25, 26, 28, 31, 49;
l. 9, t. 2, 20, 41, 47.
[5] *Cod. Just.*, l. 9, t. 2, leg. 8, *De accusationibus et inscript.*
[6] *Cod. Just.*, l. 3, t. 3, leg. 2, 3, 4, *De pedaneis judicibus.*

leur nom du rang inférieur qu'ils occupaient dans la hiérarchie judiciaire. L'ancienne procédure fut, en outre, abolie. Chacun put intenter des procès à son gré, sans le consentement préalable du juge, sans le concours de la formule dévolutrice : Dioclétien fit ainsi une règle de ce qui, jusqu'à lui, n'avait été qu'une exception. Enfin le prince ordonna de conserver dans des archives, comme un monument de la justice ou de l'iniquité des magistrats, toutes les sentences que d'autres lois avaient déjà déclarées irrévocables, mesure qui fut confirmée plus tard par Constantin [1].

A partir du premier de ces princes, commencent à se révéler les destinées nouvelles auxquelles étaient appelés les sujets de l'empire romain sous le règne du second. Avec Constantin, on vit succéder à un peuple corrompu une société renouvelée, animée des doctrines du christianisme ; à des princes faibles, ineptes ou impuissants, un seul empereur doué de grandes vues, et se constituant le centre de tout pouvoir [2] ; à la prééminence de Rome, celle de Constantinople ; à la division des provinces établie par Dioclétien, l'unité de l'empire ; à la puissance des officiers, celle du prince ; à la servitude, les premières lueurs de la liberté inhérente à la religion chrétienne ; enfin aux absurdes cérémonies de l'ancien culte et aux prêtres hypocrites, l'adoration du vrai Dieu et un clergé populaire, pauvre, défenseur des opprimés, observateur des maximes saintes de l'Évangile qu'il annonçait aux peuples.

Constantin sépara le pouvoir civil du pouvoir mili-

---

[1] *Cod. Theod.*, l. 9, t. 1, § 6, *De accusationibus. Ut de innocentia judicantis atque æquitate consistat.*

[2] Aurel. Victor, *Epitome, Constantinus.*

taire , maintint les préfets du prétoire, en diminuant leur autorité, divisa l'empire en quatre gouvernements ou préfectures parfaitement circonscrites, savoir : de l'Orient, de l'Illyrie, de l'Italie et des Gaules, et confia l'administration civile à quatre préfets du prétoire, le gouvernement militaire à quatre maîtres des soldats, *magistri militum*, deux pour l'Orient, deux pour l'Occident. Ces préfets et commandants, indépendants les uns des autres [1], étaient secondés dans l'exercice de leurs fonctions, les premiers par les vicaires et les recteurs, les seconds par les comtes et les ducs, *comites, duces*. Le conseil du prince, *sacrum consistorium*, était au-dessus des préfets.

La Corse fut réunie à la préfecture d'Italie et au diocèse du vicaire de la région méditerranéenne méridionale. Les appels des sentences du président de cette île n'étaient plus portés devant le préfet de Rome, mais devant le tribunal du préfet d'Italie [2]. Félix fut président de la Corse [3], en **319**, sous le règne de Constantin ; et si les règles adoptées en Sardaigne et rapportées par l'historien de ce pays, peuvent faire juger de ce qui eut lieu en Corse, on doit en inférer que les recteurs de cette île reçurent alors, pour la première fois, de cet empereur le titre de président [4].

---

[1] Amm. Marcell., l. 21 , § 16. — *Cod. Theod.*, l. 2 , t. 1, leg. 1 et 2 , *De jurisd. et ubi*, etc.

[2] Zozim., *Hist. rom.*, l. 2.— *Cod. Just.*, l. 1, t. 29, leg. 1, *De officio magistri militum*.

[3] *Cod. Theod.*, l. 11, t. 30, leg. 27 , *De appellat.* — Panciroli, *Notitia dignitatum imp. occident. comment.*, cap. 56.

[4] *Cod. Theod.*, l. 2 , t. 6 , leg. 11 , *De temporum cursu. Sexti Rufi Epitome.* — Manno, *istoria di Sardegna*, t. 1, p. 122. Milano, 1835.

Le règne de Constantin apporta encore de graves
changements dans l'administration de la justice. La
jurisprudence, héritage des grands citoyens de Rome,
simple et claire, dans le principe, comme les lois,
était parvenue, dans les beaux temps de la république,
à un haut degré de splendeur, et offrait la voie la plus
sûre pour parvenir aux dignités. Son lustre s'accrut
encore sous Auguste, qui désigna les jurisconsultes
dont les avis devaient servir de règle aux magistrats [1],
exemple suivi, comme nous l'avons dit, par l'empereur
Adrien. Sous les autres césars, l'administration de la
justice jouissait également d'une grande considération
auprès des peuples, soit en raison de l'appel au prince
des jugements des recteurs, frein salutaire imposé à ces
derniers, obligés plus particulièrement, du temps d'A-
drien, de motiver les sentences [2], soit par la pratique
de l'ancienne procédure devant le magistrat et devant
le récupérateur. En somme, ce louable ordre de choses,
relativement à la jurisprudence et à la justice, avait
atteint, sous le règne des Antonin et des deux Sévère,
son plus haut degré de gloire. Mais, à partir de ce siècle, il fut suivi d'une déplorable décadence, parce que les
nombreuses constitutions des souverains ayant remplacé
les lois depuis Adrien, et les sénatus-consultes depuis
Septime-Sévère et Caracalla [3], firent substituer la volonté du prince à l'autorité de la raison et la lettre du
rescrit à l'esprit de la loi. De là vint que les hommes
d'une condition honorable s'appliquèrent moins à l'é-
tude des lois auxquelles Rome devait sa gloire la plus

---

[1] *Dig.*, l. 1, t. 2, leg. 2; § 44, *De origine juris.*
[2] Marezoll, p. 75.
[3] *Ibid.*, p. 55-56.

pure et la plus durable, et que les chrétiens, pleins d'aversion pour des jurisconsultes qui s'étaient faits les ministres des persécuteurs de la religion, interdirent la lecture de leurs œuvres et l'étude de la jurisprudence. Bientôt après les esprits élevés, appelés à prêcher la foi nouvelle du haut de la chaire, ou à la défendre dans leurs écrits et dans les assemblées des fidèles, abandonnèrent la science du droit et le barreau à des gens ignorants, cupides et de basse extraction.

Il faut, néanmoins, reconnaître que tout ce qui se fit de louable dans ces temps malheureux doit être attribué à Constantin, car il renouvela les sages ordonnances ou mit à exécution les utiles projets de Dioclétien [1].

Ainsi, relativement à l'administration de la justice, il abolit les formules anciennes prescrites pour la célébration des actes civils, source abondante de chicane et d'abus [2]. Il voulut que le juge ne s'arrêtât jamais aux rescrits des princes contraires à la loi [3]; que les causes fussent régulièrement jugées dans chaque tribunal [4]; qu'il ne fût jamais interdit aux plaideurs de recourir au juge supérieur; permettant d'en appeler des présidents, magistrats de première instance, au vicaire, et de celui-ci au préfet du prétoire et même au prince, pour que ce dernier pût examiner les décisions attaquées ou juger les procès non

---

[1] *Panegyr. veter. Nazarii panegyr. Const. aug.*, c. 38. *Novæ leges regendis moribus et frangendis vitiis constitutæ.*

[2] *Nazarii Panegyr. Constant. aug.*, c. 38. *Veterum calomniosæ ambages recisæ, captandæ simplicitatis laqueos perdiderunt.* — *Cod Just.*, l. 2, t. 58, leg. 1, *De formulis;* l. 6, t. 9, leg. 8, *Qui admitti ad bonorum possessionem.*

[3] *Cod. Theod.*, l. 4, t. 16, leg. 1, *De re judicata.*

[4] *Cod. Theod.*, l. 11, t. 30, leg. 23, *De appell. et consult.*

terminés [1]. Il réprima, par ces moyens, l'arbitraire et la corruption des juges exposés à voir leurs décisions passer sous les yeux du souverain. Enfin, il établit des peines très-sévères contre ceux qui oseraient porter de fausses accusations contre les recteurs, ou les interrompre dans l'exercice de leurs fonctions, ou suspendre par des appels illégaux l'exécution de leurs sentences [2].

Il apporta des modifications plus remarquables encore dans la justice criminelle. Les accusations intentées par des particuliers ou par l'officier public [3], durent avoir lieu en présence du magistrat, soit verbalement, soit par écrit. Le président ne fut plus qu'un juge de première instance. Les actes des procès et les jugements furent conservés dans des archives publiques, comme en matière civile [4]. Il fut interdit aux homicides, aux adultères, aux empoisonneurs, aux sorciers, à ceux qui s'étaient rendus coupables de rapt, d'en appeler au prince, excepté dans les cas où il survenait des preuves favorables à l'accusé [5]; le souverain répugnant à s'occuper de quiconque était poursuivi et condamné pour des crimes aussi graves.

Constantin restreignit l'exécution des sentences capitales uniquement aux cas où les preuves seraient évidentes [6], et défendit de flétrir de la marque le front de

---

[1] *Cod. Theod.*, l. 11, t. 3o, leg. 1, *De appellat. et consult.*

[2] *Cod. Theod.*, l. 1, t. 5, leg. 4, *De off. præfect. præt.*; l. 11, t. 36, leg. 2, 3, 5, *Quorum appellationes non recipiantur.*

[3] Pothier, *Pandectæ*, l. 48, t. 2.

[4] *Cod. Theod.*, l. 9, t. 1, leg. 6, *De accusat. et inscript.*

[5] *Cod. Theod.*, l. 11, t. 36, leg. 1, *Quorum appell. non recipiantur*

[6] *Cod. Theod.*, l. 9, t. 4o, leg. 1, *De pœnis.*

l'homme fait à l'image de Dieu [1]. Il abolit le supplice de la croix et le remplaça par celui de la fourche [2]; recommanda de traiter avec humanité [3] tous les accusés non encore jugés; régularisa l'application des peines pécuniaires [4]; empêcha de confondre avec les biens des condamnés ceux de leur femme et de leurs enfants émancipés [5], et se montra toujours disposé à la compassion envers les familles, quand il s'agissait d'une confiscation. Le christianisme faisait déjà sentir son influence, adoucissait les mœurs féroces des peuples, portait à la clémence et à la miséricorde.

Il faut fixer également à ce règne la dernière période de la prospérité des curies, *collegia decurionum*, dont nous avons parlé plus haut, et que rappellent souvent les Codes et les écrits des anciens. L'histoire du décurionat se divise en deux époques : avant et après Constantin. Dans la première, le décurionat était la charge municipale la plus élevée et la plus ambitionnée; dans la seconde, la plus onéreuse et la plus dédaignée. Il me suffira, pour le but que je me propose, de dire seulement quelques mots de cette histoire traitée déjà par d'autres avec une grande érudition [6].

Avant la domination romaine, les villes d'Italie et des provinces dont se composa l'empire, étaient gouvernées par des conseils et des sénats, formés de ci-

---

[1] *Cod. Theod.*, l. 9, t. 40, leg. 2, *De pœnis.*

[2] *Chronol. Cod. Theod.*, p. 11, *Gothofredi*, chron. hist.

[3] *Cod. Theod.*, l. 9, t. 3, *De cust. reorum.*

[4] *Cod. Just.*, l. 1, t. 54, leg. 1, 4, 6, *De modo multarum.*

[5] *Cod. Theod.*, l. 9, t. 42, leg. 1, *De bonis proscriptorum.*

[6] *Cod. Theod.*, l. 12, t. 1, *De decurionibus.* — Guizot, Essais sur l'hist. de France. — Savigny, Hist. du Droit romain au moyen âge, t. 1.

toyens, appelés *senatus, collegium decurionum*, et, après le troisième siècle de notre ère, *curia*[1].

Les Romains, devenus maîtres de l'Italie et des provinces, maintinrent ces sénats en diminuant leur autorité, mais moins en Italie qu'ailleurs. Ce pays et les villes jouissant du *jus italicum*, tiraient de ces conseils leurs magistrats municipaux, juges et administrateurs choisis par la curie, et présidents perpétuels du conseil de la cité[2]. Mais les curies provinciales privées de ces magistrats étaient présidées par le plus ancien de leurs membres, *principalis comes*, le premier inscrit sur l'*album*, sans autre juridiction et autorité que celle qu'il exerçait au nom et par ordre de la curie.

En Italie, les décurions étaient inscrits sur l'*album* suivant leur emploi; dans les provinces, ils étaient indiqués par ordre, et les dix premiers, *decem primi*, ainsi nommés depuis l'an 550 de Rome, mais dont le nombre pouvait être supérieur à ce chiffre, étaient quelquefois responsables de tous les actes de la curie[3].

La charge du *principalis* était à vie, mais, après quinze ans de service, il lui était permis de se retirer. Il était remplacé par le second inscrit sur l'*album*, et, dans le cas où celui-ci était infirme ou impotent, tout le collége réuni était appelé à en choisir un autre également pris dans son sein[4]. Une dernière observation fera mieux comprendre la différence qui existait entre les curies d'Italie et celles des provinces : les fonctions

---

[1] *Isidori originum*, l. 9, § 4. — *Gregorio, discorsi intorno la storia di Sicilia*, t. 1, p. 120.

[2] *Noris, Cœnotaph. Pisan.*, Diss. 1, cap. 3.

[3] Savigny, Hist. du Droit rom., t. 1, c. 2, p. 67.

[4] *Cod. Theod.*, l. 12, t. 1, leg. 171. Savigny, t. 1, c. 2, p. 54.

des premières étaient des emplois, des dignités; celles des autres, des charges, *munera* [1].

A ces colléges, selon toute probabilité, appartenaient les juges dits pédanés, *pedanei*, institués, après l'abolition de la procédure formulaire, pour remplacer les récupérateurs, et auxquels le président, quand il le voulait, déléguait, dans les cas urgents, la décision des causes de peu d'importance. Il faut encore faire remarquer que, dans l'intervalle de temps écoulé entre le règne de Dioclétien et celui de Constantin, l'irénarque avait été remplacé par le défenseur de la cité, *defensor civitatis*, *plebis*, *loci*, choisi par tous les citoyens, d'abord pour représenter la ville dans les procès qu'elle intentait, puis pour protéger le peuple contre l'oppression des curies et des lieutenants impériaux [2], enfin, sous Valentinien et Valens, en 365, pour exercer la juridiction civile et criminelle : la première restreinte à certains actes judiciaires et à la connaissance des causes n'excédant pas cinquante *solidi;* la seconde bornée à la recherche des coupables, à l'interrogatoire des inculpés et à l'envoi des pièces au président [3].

Justinien lui conféra le droit de juger au civil, sans appel, jusqu'à trois cents *solidi, aureos trecentos*, et borna son pouvoir en matière criminelle à la répression des simples délits, *leviora crimina* [4]. La charge de défenseur de la cité, comme je l'ai dit, limitée,

---

[1] Savigny, t. 1, c. 2, p. 47.— *Cod. Theod.*, l. 1, t. 11, leg. 1, *De defensorib. civit.* — *Dig.*, l. 50, t. 4, leg. 1, *De muneribus.*

[2] *Cod. Theod.*, l. 7, t. 16, leg. *ult. de lil. et itin. cust.*—*Cod. Just.*, l. 1, t. 55, leg. 4, *De defensorib.*

[3] *Cod. Theod.*, l. 1, t. 11, leg. 3. *Et ult. de defensorib. civit.*—*Cod. Just.*, l. 1, t. 55, leg. 1, *De defensoribus.*

[4] *Cod. Just.*, l. 1, t. 55, leg. 1. Novell. 15, c. 6, *De defens. civit.*

dans le principe, à l'exercice d'un seul acte, fut, plus tard, convertie en un emploi dont la durée fut d'abord fixée à cinq, et, en dernier lieu, à deux ans. Les villes principales furent seules, dans l'origine, pourvues de défenseurs; ensuite il y en eut dans presque toutes, même dans les moins populeuses, et surtout dans celles qui étaient infestées de brigands[1]. L'appel de leurs sentences, comme de celles des juges pédanés, était porté devant le recteur de la province[2].

Jusqu'à Justinien, le défenseur créé pour surveiller la curie était pris en dehors de son sein; mais ce prince permit aux décurions de remplir cet emploi, auquel il donna plus d'importance, en assimilant aux juges ceux qui l'occupaient, en décidant qu'ils pourraient remplacer le magistrat absent, et en ordonnant aux personnes de toute condition de se faire inscrire sur l'album, afin d'augmenter le nombre des hommes aptes à exercer cette haute magistrature civile[3].

La Corse, comme les autres provinces de l'empire romain, avait ses colléges de décurions; nous en avons une preuve suffisante dans un passage de Tacite[4], relatif à l'assemblée convoquée par le procureur impérial Decimus Pacarius, et dans l'inscription rapportée par Muratori[5].

Malgré les sages règlements dus à la prévoyance de Constantin, qui avait le projet de réunir dans un

---

[1] *Cod Theod. leges Novellæ, div. maj.*, t. 5.—*Cod. Just.*, l. 1, t. 55, leg. 6.

[2] *Just. nov. const.*, 15, c. 5, *De defens. civit.*

[3] *Just. novell.*, l. 3, t. 2, Præfat et nov. 15, c. 1.

[4] Tacit., *Historiæ*, l. 2, § 16. *Vocatis principibus insulæ consilium aperit.*

[5] *V.* ci-dessus, page 196.

code les principes de la jurisprudence romaine [1], la plus grande confusion continua à régner dans les lois, et elle s'augmenta encore après le règne de ce prince [2]. Il faut attribuer ce désordre au fatras des constitutions impériales et à l'absence de jurisconsultes dans les écrits ou les avis desquels on pût, comme autrefois, chercher les sources de la jurisprudence civile. L'ignorance des juges et des avocats, la contradiction qui régnait dans les rescrits des souverains, la facilité, pour les hommes d'affaires de mauvaise foi, de se prévaloir, devant ces juges inhabiles, de décisions souvent injustes, quelquefois apocryphes, et presque toujours pleines d'erreurs par la faute des copistes, avaient fait naître le besoin d'une réforme générale dans les lois de l'empire [3].

Papirius Justus, Gregorianus et Hermogènes avaient, il est vrai, cherché à rendre plus facile l'administration de la justice, le premier sous le règne de Septime-Sévère, à l'aide d'un recueil en vingt livres renfermant les constitutions de Verus et d'Antonin; les autres dans le siècle de Constantin, par deux codes appelés des noms de leurs auteurs, Grégorien et Hermogénien, codes devenus plus tard célèbres au barreau, et destinés à conserver les constitutions de divers princes, à partir d'Adrien jusqu'à l'époque où ils parurent [4]; mais ce remède salutaire fut insuffisant pour arrêter le désordre qui se manifestait dans tout l'empire, par la discordance et la confusion des lois. La gloire d'avoir apporté quelques améliorations à cet état de choses, appartient à

---

[1] *Cod. Theod.*, l. 1, t. 4, leg. 1 et 2. *De responsis prudentum.*
[2] Amm. Marcell., l. 3o, § 4.
[3] *Ibid.*
[4] *Cod. Theod. prolegom. Goth.*, c. 1.

Valentinien III et à Théodose II, et plus particulièrement à ce dernier, aux soins duquel on doit le code
connu sous le nom de Théodosien.

Valentinien III, en 426, envoya de Ravenne au sénat
un édit [1] dans lequel il indiquait, autant que cela était
possible, les constitutions propres à servir de règles aux
juges, celles qui étaient obligatoires pour tous, et les rescrits relatifs à certains procès entre particuliers, et non
applicables aux causes imprévues [2]. Il n'accorde force de
loi qu'aux avis des jurisconsultes Papinien, Paul, Gaïus,
Ulpien et Modestin, ou à ceux approuvés par ces légistes célèbres. Il indique ensuite les moyens de reconnaître les avis et les circonstances dans lesquelles il serait
permis de s'en servir pour la décision des causes ; enfin,
il arrête que les sentences des magistrats dépendent du
nombre de ces avis : en cas d'égalité, celui de Papinien
devait l'emporter ; si ce jurisconsulte avait gardé le silence, le juge avait à choisir [3].

Les monuments élevés à la science du droit par Théodose II, furent d'une plus grande importance. En 429,
ce prince ordonna de former avec le plus grand soin un
recueil de quatre codes, dans lequel serait comprise
l'immense série des lois, des décisions des tribunaux et
des doctrines des jurisconsultes [4]. Un seul de ces codes,
élaboré par les hommes savants auxquels un si grand
travail avait été confié, est parvenu jusqu'à nous ; il fut

---

[1] *Cod. Just.*, l. 1, t. 14, leg. 3, *De legibus.*

[2] *Cod. Just.*, l. 1, t. 14, leg. 2 ; l. 1, t. 19, leg. 6, *Si contra jus.*

[3] *Cod. Theod.*, l. 1, t. 4, leg. 1, *De resp. prud., et comment.
Gothofredi.*

[4] *Cod. Theod.*, l. 1, t. 1, leg. 3, *De constitutionibus princip.*

publié l'an 438 [1], en présence du sénat de Rome, et,
par suite, dans toutes les provinces de l'empire.

Il est divisé en seize livres, d'après le plan des recueils particuliers de Gregorianus et d'Hermogènes [2],
dont il était la continuation : il comprend les constitutions de seize empereurs, rendues dans l'intervalle de
127 ans, c'est-à-dire depuis 312 jusqu'à 438 [3]. Il serait
trop long d'entrer dans le détail des matières contenues
dans ce code ; il suffira de dire qu'il renferme tout ce qui
est relatif au droit public et privé, conformément aux
dispositions des constitutions impériales. Les cinq premiers livres sont consacrés au droit privé; ils se com-
posent principalement de tout ce qui concerne les lois [4],
les magistratures de l'État et des villes [5], la justice [6], les
conventions, les contrats, les testaments et autres matières y ayant rapport [7]. Relativement au droit public,
nous nous bornerons à indiquer les lois relatives aux dignités de l'État [8], aux ordonnances militaires [9], aux officiers [10], aux actions et procédures criminelles, aux pei-

---

[1] *Cod. Theod. Constitution. Theod. II. De Theod. Cod. auctor.
Gesta in senatu urb. Rom. de recip. Cod. Theod.* (edit. Venck).

[2] *Cod. Theod.*, l. 1, t. 1, leg. 5, *De const. princip.*

[3] *Cod. Theod., Goth. Prolegomena*, c. 2.

[4] *Cod. Theod.*, l. 1, t. 1, leg. 1 et 3, *De const. princ.;* l. 1, t. 2,
leg. 1 et 4, *De divers. rescript.*

[5] *Cod. Theod.*, l. 1, t. 5, leg. 1, *De offic. præfect. præt.;* t. 6,
leg. 1, *De offic. vicarii;* t. 7, leg. 1 et suiv., *De offic. rect. prov.;* t. 11,
De defens. civil.

[6] *Cod. Theod.*, l. 1, t. 8, leg. 1, *De offic. judic. civil.;* t. 10, leg. 1,
De offic. judic. omnium; t. 12, *De assess. dom.;* l. 2, t. 1, *De ju-
risdict.*

[7] *Cod. Theod.*, l. 2, 3, 4 et 5.

[8] *Ibid.*, l. 6.

[9] *Ibid.*, l. 7.

[10] *Ibid.*, l. 8.

nes [1], aux droits du fisc [2], aux tributs [3], aux curies [4], aux universités, aux édifices publics [5], aux spectacles, au maintien de la paix et de la tranquillité de l'État [6], et enfin à tout ce qui concerne la religion, les ministres, les temples, les affaires ecclésiastiques, et l'exercice des divers cultes connus dans ce vaste empire [7].

On chercherait, cependant, en vain, dans ce code, les rares trésors de la science du droit, épars dans les ouvrages des anciens jurisconsultes; aussi, un écrivain [8] n'a pas manqué de reprocher aux auteurs de cette compilation leur peu de discernement dans le choix des constitutions, les fréquentes omissions des préambules des lois, l'excessive brièveté, et, par conséquent, l'obscurité des maximes, les répétitions inutiles, les antinomies, les dispositions extraites arbitrairement des autres lois, transcrites en termes tronqués, obscurs, douteux, inintelligibles, et une foule d'autres défauts de moindre importance relatifs aux noms des princes et à la chronologie. J'ai dû parler avec détail de cette compilation, parce que les lois qu'elle renferme furent observées dans l'empire d'Orient jusqu'à Justinien, et, par un sort plus heureux, conservèrent leur autorité en Occident, chez les Romains et les Barbares qui inondèrent les provinces de l'empire, savoir, chez les Vandales, les Ostrogoths, les Visigoths, les Bourgui-

---

[1] *Cod. Theod.*, l. 9.

[2] *Ibid.*, l. 10.

[3] *Ibid.*, l. 11.

[4] *Ibid.*, l. 12.

[5] *Ibid.*, l. 13 et 14.

[6] *Ibid.*, l. 15.

[7] *Ibid.*, l. 16.

[8] *Ibid.*, *Prolegomena Gothof.*, c. 2.

gnons et les Francs, parmi lesquels elles furent en honneur. Plusieurs livres de ce code passèrent même dans
la législation [1] de quelques-unes de ces nations, ou furent tolérés par les vainqueurs, et pendant longtemps
servirent en partie de règles aux juges appelés à prononcer sur les intérêts privés des habitants de la Corse.
Mais l'existence de ces lois ne fut pas de longue durée
dans cette île, parce qu'à la domination romaine succéda, après la mort de Valentinien III, en 456, la première invasion des Vandales, déjà répandus depuis plusieurs années dans les îles de la Méditerranée[2]. Combattus
et vaincus par Ricimer, sur ces rivages dont ils furent
expulsés, en 462, par Marcellin, ces conquérants finirent par fonder, en 470, un établissement stable,
qu'affermit la concession de l'empereur Zénon, en 475,
et dont ils jouirent sans trouble jusqu'en 534[3].

Sous ces conquérants, la Corse fut gouvernée comme
les provinces de l'Afrique dont ils s'étaient emparés.
Le premier acte des Vandales fut de se rendre maîtres
des terres des plus riches habitants pour les partager
entre les leurs, *Vandalorum sortes* [4], et les donner à
cultiver aux anciens possesseurs, contraints aux travaux
les plus rudes pour pourvoir à l'entretien des nouveaux
maîtres ; de chasser et reléguer dans les îles voisines [5]

---

[1] *Cod. Theod.*, l. 5, *Epit. ex breviario Alariciano; proleg. Gothof.*, c. 3.

[2] Victor Vitensis, *De persecut. Vand.*, l. 1, § 4, 17.—Procop., *De
bello Vand.*, l. 1, c. 5, 6, 7.

[3] *Idatii chronicon*, *Sirmond. Parisiis*, 1619, p. 34. — Procop.,
De bello Vand., l. 1, c. 7.—Victor Vitensis, *De persecut. Vand.*, l. 1,
§ 4. — Marcus, Hist. des Vandales, l. 3, p. 219, 269, 283, note 51,
page 34.

[4] Procop., l. 1, c. 5. — Marcus, p. 176.

[5] V. Vitensis, l. 1, § 5. — Marcus, p. 181.

ceux qui refusaient de se soumettre ; de souffrir seulement ceux qui acceptaient une semblable servitude [1], et de ne laisser ainsi aux vaincus que l'espoir lointain de ressaisir l'éternel droit de l'homme, la liberté.

Relativement au gouvernement et à l'administration de la justice, il paraît que les Vandales, à part les confiscations des propriétés, ne se réservèrent exclusivement que le pouvoir des armes. Leur constitution était toute militaire. Ils occupaient le pays comme une armée en campement ; ils étaient gouvernés par les hommes de leur nation, investis de fonctions auxquelles ils donnèrent des noms vandales, équivalents à ceux de roi, comte [2], chiliarque [3], centenier [4], décurion [5]. Leurs lois civiles ressemblaient à celles des autres nations barbares qui nous sont le plus connues. Ils punissaient les délits et les crimes par l'exil, les verges, les noyades, le feu et la décollation [6]. Les confiscations de biens applicables aux Romains soumis à leur domination ne frappaient pas les Vandales, exposés seulement à supporter des amendes ruineuses [7]. Il était interdit aux nobles d'épouser des filles du peuple ; en cas d'infraction à cette loi, ils étaient condamnés, eux et les enfants nés de leur union, aux travaux de colons dans les domaines royaux, et à l'abandon de leur héritage à leurs parents les plus rapprochés.

---

[1] V. Vitensis, l. 1, § 10, 14, 16. — Marcus, p. 181.

[2] Victor Vitensis, l. 2, § 5 et 9.

[3] Commandant de mille hommes.

[4] Commandant de cent hommes.

[5] Commandant de dix hommes.

[6] V. Vitensis, l. 4, § 5 ; l. 2, § 5.

[7] *Ibid.*, l. 1, § 5, 16 ; l. 4, § 1, 2. — Marcus, l. 3, p. 191, 192.

Les alliances entre les vaincus et les vainqueurs étaient permises et n'étaient pas rares [1].

La condition de sujet romain, sous la domination des Vandales, fut moins malheureuse qu'on ne le croit généralement. Diverses familles romaines conservèrent la propriété de leurs biens, furent même florissantes, et, quand les Grecs eurent expulsé de l'Afrique ces conquérants, les habitants de cette région reprochèrent au fisc impérial une rapacité plus violente que celle dont précédemment ils avaient eu à souffrir [2].

Les Vandales conservèrent à leurs sujets les tribunaux, les lois et la juridiction romaine [3]. Un proconsul romain, résidant à Carthage [4], présidait les tribunaux et les magistrats de la partie de l'Afrique soumise aux Vandales. Une députation des habitants de *Leptis minor* envoyée pour se plaindre d'un magistrat romain, à Postumius [5], revêtu du titre dont nous venons de parler, ne peut laisser aucun doute sur ce point historique. Ils étaient régis par le code Théodosien; les anciens ouvrages relatifs aux Vandales fournissent un grand nombre de citations de lois romaines et d'exemples de confiscation, genre de peine inconnu à ces barbares, et preuve certaine qu'ils étaient soumis au code Théodosien [6].

Les causes entre les Romains et les Vandales étaient,

---

[1] Marcus, p. 191, 202.—Procop., *De bello vand.*, l. 1, c. 5.

[2] Procop., *Hist. arc.*, c. 18; *Hist. Vand.*, l. 2, c. 8.

[3] V. Vitensis, l. 4, § 2. *Edit. Hunerici.*—C. Theod., l. 16, t. 5, leg. 21, 39, 40, 46, 52, 65, 66.

[4] V. Vitensis, l. 3, § 4. — Marcus, p. 188.

[5] Marcus, p. 188. *Præpositus judiciis romanis in regno Africæ Vandalorum.*

[6] V. Vitensis, l. 1, § 16; l. 2, § 7; l. 4, § 1, 2; l. 5, § 4.

à ce qu'il paraît, jugées par des magistrats des deux nations [1]. Les édits royaux étaient obligatoires pour les
Romains auxquels il était permis d'en appeler au roi,
par des délégués ou par une plainte écrite remise au
magistrat vandale appelé *præpositus regni*, emploi peu
différent de celui connu, dans l'empire, sous le nom de
magister officiorum. Un officier, *notarius* [2], répondait aux
plaintes écrites en latin, langue employée dans les décrets
promulgués par le roi pour les sujets romains [3].

Bélisaire chassa les Vandales de la Corse en 534 [4];
mais cette île ne tarda pas à retomber sous la domination
des Goths commandés par Totila. Ceux-ci y pénétrèrent
en 551 et y restèrent jusqu'en 554 ou 557 [5]. Il est inutile
de s'arrêter à cette nouvelle et passagère occupation, durant laquelle la Corse fut, comme l'Italie, soumise à une
domination peu différente de celle des Grecs [6]. Il suffira
de faire remarquer que les peuples de l'île furent encore
régis, sous ces nouveaux maîtres, par le code Théodosien,
dont les dispositions formèrent la base de l'édit de Théodo-
ric et du supplément d'Atalaric, moins peut-être quelques
prescriptions de statut, *bellagines*, rédigé par Dicencus
pour ces barbares avant la conquête de l'Italie [7]. Les Romains restèrent soumis à leurs lois et à leurs magistrats [8].

---

[1] Marcus, p. 197.

[2] V. Vitensis, l. 2, § 2, 5, 14, 15.

[3] *Ibid.*, l. 2, § 14, 15; t. 4, § 2.

[4] Procop., *Hist. Vand.*, l. 2, c. 5.

[5] Muratori, *Ann. d'Ital.*, anno 551. — Balbo, *Storia d'Italia*,
t. 1, p. 334.

[6] Canciani, *Barbar. leges antiq.*, t. 1, p. 19 et s. — *Cassiodori for-
mularium*.

[7] Canciani, t. 1, p. 5, 14, 16. — Jornandès, *De reb. Geticis*, c. 11.
— Muratori, *Rer. ital. script.*, t. 1, p. 197.

[8] Cassiod. Var., l. 8. for. 3, l. 7, for. 3.

Les Goths durent obéir à un de leurs comtes élu par eux et tout à la fois juge et chef d'armée. Celui-ci s'adjoignait un magistrat romain dans les causes qui concernaient des Goths et des Romains [1].

Je reviens au gouvernement des Grecs, dans l'île de Corse, en disant quelques mots du régime qu'ils y établirent ; j'entreprendrai ensuite l'histoire des lois de Justinien, admirable monument de jurisprudence civile, auquel l'Europe doit la renaissance de la science du droit et les règles que la sagesse romaine avait posées pour la direction et la prospérité des peuples.

Lorsque les empereurs redevinrent les maîtres de la Corse, elle n'eut pas d'abord d'autres lois, ni d'autres ordres de magistrature que sous les césars précédents. Mais Justinien, en réglant ce qui concernait l'Afrique, qu'il venait de reprendre aux Vandales, assujettit au même régime [2] la Sardaigne, à laquelle la Corse fut réunie, comme du temps de la république romaine. Soumis au préfet du prétoire d'Afrique, le président de la Sardaigne et de la Corse [3], assisté de 50 personnes [4], n'eut dans ses attributions que le gouvernement civil ; le gouvernement militaire fut confié à un duc [5] ou à un maître des soldats, *magister militum*, remplissant les fonctions du duc, ou commandant, sous ses ordres, dans la partie de la province la plus éloignée de la résidence ducale.

Justinien, en déterminant le traitement de chacun

---

[1] Cassiod. Var., l. 7, for. 3, l. 3, for. 13, 14, 15.
[2] *Cod. Just.*, l. 1, t. 27, § 1, *De offic. præfect. præt. Afr.*
[3] *Ibid.*, § 2.
[4] *Ibid.*, § 3.
[5] *Ibid. proœm.*, et § 1.

des fonctionnaires de la province[1], donna un salutaire exemple et délivra de la rapacité des officiers publics les peuples malheureux et sans cesse victimes de déplorables exactions[2]. L'administration de la magistrature municipale devint meilleure, comme je l'ai dit, sous le règne de ce prince, et, grâce aux coutumes de cet ancien régime, se consolida dans l'intérêt public. Les anciennes qualifications des magistrats municipaux furent remplacées par de nouvelles, et aux emplois déjà connus vinrent se joindre les corporations, *scholæ*, dont je parlerai dans mon histoire de la Corse ; changements heureux qui conservèrent à l'Italie d'utiles traditions destinées plus tard à sauver le monde romain de la servitude des Barbares[3].

Justinien, à l'exemple de ce qu'avait arrêté Constantin et en partie exécuté Théodose, donna ses soins, mais avec plus de succès, à la classification des lois et des monuments de la jurisprudence[4] ; il fit, en 528, réunir en un recueil les constitutions comprises dans les codes Grégorien, Hermogénien, Théodosien, et celles promulguées jusqu'à lui par les princes qui avaient occupé le trône des césars[5]. En 529, au mois d'avril, parut le premier Code, divisé en douze livres, contenant les constitutions de 54 empereurs, depuis Adrien jusqu'à son règne. Chargée ensuite de compléter ces sages

---

[1] *Cod. Just.*, l. 1, t. 27, § 6, 8, 19.

[2] *Auth. nov. const.*, coll. 2, t. 2, nov. 8, *ut judices*, etc.

[3] *Marini papiri diplomatici*, p. 201, 326, 359 *et passim.* — Savigny, t. I, c. 5, p. 266-67. — De Visme et Fossati, *Vicende della proprietà in Italia*, p. 97-98. Torino. — Anastasius, *Biblioth. hist. de vitis rom. pontif. apud Murat. rer. ital. script.*, t. III, p. 181.

[4] *Cod. Just.*, l. 1, t. 17, *De veteri jure enucleando.*

[5] *Cod. Just.*, const. 2, *De justinianeo codice confirmando.*

projets, une réunion de seize jurisconsultes, présidée par le savant Tribonien, s'occupa, en 530, à mettre en ordre les avis et doctrines qui formaient l'ancienne jurisprudence, et, dans le mois de décembre 533, ce travail si digne d'éloges fut publié sous le nom latin de Digeste, *Digestorum*, et sous la dénomination grecque de Pandectes, *Pandectarum*. Formé de sept parties correspondant à autant de divisions de l'édit perpétuel, et de cinquante livres subdivisés en quatre cent trente titres, le Digeste, rédigé d'après l'édit précité dont toutes les dispositions étaient familières à ceux qui savaient le droit, devint le recueil des avis des jurisconsultes les plus célèbres depuis le siècle d'Auguste[1]. Promulgué dans la préfecture de l'Orient, dans celle de l'Illyrie et de l'Afrique, il ne commença à être suivi en Corse qu'en 556, c'est-à-dire quand cette île, par la valeur de Narsès, rentra sous l'obéissance de l'empereur.

Dès le mois de novembre de l'année 533, trois des jurisconsultes auxquels la composition du Digeste avait été confiée, désirant être utiles à la jeunesse studieuse, avaient compilé, dans un ordre admirable, le volume des *Institutes*, divisé en quatre livres; le commentaire de Gaïus leur avait servi de modèle pour ce travail destiné à propager la connaissance élémentaire des lois romaines. Les fautes et les erreurs dont ces recueils n'étaient pas exempts étant devenues la source de procès, on sentit le besoin de réformer le Code promulgué en 529. Quatre jurisconsultes renommés se réunirent en 534, corrigèrent ou retranchèrent diverses constitutions, ajoutèrent cinquante décisions et autant de rescrits de Justinien,

---

[1] *Cod. Just.*, l. 1, t. 17, *De veteri jure enucleando.*

propres à concilier, expliquer, modifier les dispositions du Code ou du Digeste, et composèrent ainsi un nouveau Code appelé, pour le distinguer de l'ancien, *Codex repetitæ prælectionis,* qui eut l'autorité des autres lois de l'empire. Cette compilation, plus complète que la précédente, contient douze livres divisés en titres formés de constitutions transcrites en entier ou par extrait, suivant l'ordre chronologique [1].

Plus tard, Justinien promulgua, dans l'intérêt de la justice, 168 autres constitutions et 13 édits qui, après sa mort, augmentèrent la masse des lois. On les nomma *authenticæ* ou *novellæ constitutiones,* soit parce qu'elles étaient plus récentes que le Code, soit pour les distinguer de l'abrégé donné par Julien. Elles étaient destinées à concourir à la réforme nouvelle que le prince projetait d'opérer dans l'ancienne législation [2].

La Corse obéit à ces lois jusqu'à l'époque où elle fut soumise aux Lombards; mais, dans cet espace de temps, l'administration impériale y subit des changements malheureux. Elle fut altérée par la confusion des attributions d'emplois qui, après avoir été précédemment si sagement divisés entre plusieurs personnes, étaient alors réunis dans la même main [3]; perturbation causée principalement par la décadence de l'empire, l'éloignement et la pauvreté de la province, et les calamités des temps. On lit, en effet, dans les lettres de saint Grégoire [4], que le duc de Sardaigne, exerçant la juridiction et le commandement, avait confié, en 597, le pouvoir

---

[1] *Cod. Just. Constit.* 3, *De emend. Cod. dom. Just.*
[2] Giannone, *Storia di Napoli,* t. 1, l. 3, c. 3, § 4, Italia, 1821.
[3] Panciroli *Notitia dignit.,* c. 39, p. 64. Genevæ, 1623.
[4] *Sancti Gregorii opera omnia,* t. 2, Epist. 3, l. 7. Parisiis, 1705.

militaire en Corse à un nommé Athanase, tribun des soldats, qui remplissait ses fonctions à la grande satisfaction du peuple.

Je ne m'arrêterai ni au gouvernement cruel exercé en Corse à cette époque par les Grecs, ni aux rapines exécrables qui signalèrent le séjour en Sicile de l'empereur Constant, rapines dont l'histoire des îles de la Méditerranée [1] a gardé un douloureux souvenir. Vers la fin du VIe siècle, en 591, sous le règne d'Agilulphe, eut lieu, sur les rivages de la Corse, la première apparition des Lombards [2], malheur déploré par le grand pontife Grégoire, dont les soins touchants surent cimenter une paix qui préserva l'île d'autres calamités [3].

Un siècle après la mort de Grégoire, c'est-à-dire de 711 à 726, la Sardaigne, cédant à sa destinée, selon l'expression de son historien [4], tomba au pouvoir des Sarrasins, et, par un sort différent, la Corse, après la conquête de Pise qui eut lieu, suivant les conjectures les plus probables, de 636 à 653 [5], fut réunie, en 725 [6], sous le règne de Liutprand, à la Tuscie, province méridionale de l'empire des Lombards [6].

Les Italiens et les habitants de la Corse ont conservé pendant une longue suite d'années, c'est-à-dire du

----

[1] Muratori, *Annal.*, ann. 665.

[2] S. Greg., t. 2, Epist. 79, l. 1.

[3] *Ibid.* Epist. 36, 4 et 6, l. 5. — Muratori, ann. 598.

[4] *Manno storia di Sardegna*, t. 1, l. 7, p. 242.

[5] Troya, *Storia d'Italia del medio evo*, vol. 1, part. 5, p. 83.

[6] Pertz, *Monumenta Germaniæ hist.*, t. 3, p. 702. Canciani, t. 1. *Liutpr. leges*, l. 1, *in prologo.*—Le royaume des Lombards se divisait en trois parties : l'*Austrie* ou la partie orientale, la *Neustrie* ou la partie occidentale, et la *Tuscie* ou la partie méridionale. Brunetti, *Cod. dipl.*, t. 1, part. 1, p. 735.

VIIIe au XVIIIe siècle [1], les institutions que les Lombards leur avaient transmises, et qui furent les sources de leur législation générale. Je dois donc m'en occuper et les exposer avec détail.

Lorsque les Lombards, sous la conduite d'Alboin, subjuguèrent l'Italie, ce prince, profitant de ses victoires, de la faiblesse des Grecs et de leurs revers successifs, songea plus à étendre les limites de son empire qu'à traiter durement les peuples soumis [2]. Cléphis, son successeur, plus féroce et plus cupide, chassa ou mit à mort ceux qui s'étaient rendus au premier choc de l'irruption lombarde, anéantit tout ordre civil dans les villes d'Italie, confisqua les biens dont les propriétaires étaient morts ou dans l'exil, ceux qui appartenaient aux églises, aux curies, ou dépendaient d'édifices publics, les bois, les terres incultes ou désertes et la fortune mobilière des individus qui avaient cherché leur salut dans la fuite [3]. Les terres abandonnées aux Romains qui étaient restés furent divisées entre eux sous la condition de donner aux vainqueurs, à titre de tribut, le tiers des revenus.

Différents des autres barbares descendus avant eux en Italie, les Lombards ne se contentèrent pas de s'emparer du tiers des biens en laissant le reste aux habitants, ils préférèrent avoir le tiers des revenus et faire peser ainsi, avec plus ou moins de rapacité, un lourd impôt sur les propriétés, une dure servitude sur les

---

[1] Muratori, antiq. Ital., Dissert. 22. — Sclopis, *Storia della legislazione ital.*, t. 1, c. 2, p. 61. Torino, 1840.

[2] Pauli Diac., *De Gest. Longob.*, l. 2, c. 9, 14, 25, 27.

[3] *Ibid.*, c. 31. — Troya, *Storia d'Ital. del medio cvo*, t. 1, parte 5, p. 40.

personnes, soumettant à la triste condition de tribu-
taire jusqu'aux premières familles romaines placées sous
leur domination [1]. La principale et peut-être la seule
cause d'une semblable détermination, inconnue aux autres barbares, fut sans doute la manière de vivre des
Lombards en Italie. Au lieu d'imiter les premiers peuples dont ce pays avait eu à souffrir l'invasion, ils réso-
lurent de s'y établir comme une armée répartie dans les
villes et les campagnes, mais pouvant être facilement
réunie, et tenant garnison dans les habitations et les
fermes des vaincus : de là le nom d'*hôtes* donné à leurs
sujets italiens et celui d'*hospices* à leurs demeures [2].

En 584, dix-sept ans après la première invasion des
Lombards, les destinées de ce peuple et par suite celles
des Italiens s'améliorèrent. L'élection d'Autharis comme
roi, et l'attribution qui lui fut faite, pour son entretien, celui de ses officiers et autres personnes de sa
suite, de la moitié des biens possédés par les ducs lombards, devinrent la cause d'un changement pénible
d'abord pour les Italiens grevés d'un nouvel impôt,
mais favorable ensuite par la protection que trouvè-
rent, dans la puissance royale, les faibles contre les
puissants ou les petits contre les grands, suivant les
expressions de Paul Diacre, changement qui procura
aux vainqueurs et aux vaincus un état de repos et de
prospérité dont le même historien fait le plus grand
éloge [3].

Il faut, ce nous semble, rapporter à la même époque
la division des terres jusqu'alors possédées en commun ;
ce fut le premier fruit du gouvernement monarchique,

---

[1] Pauli Diac., l. 2, c. 32.
[2] *Ibid.*
[3] *Ibid.*, l. 3, c. 16.

parce qu'en déterminant les droits et les obligations de chacun, il avait nécessairement établi la plus essentielle des conditions conservatrices de la société, le droit de propriété [1]. Ces terres, tirées au sort par les Lombards, furent appelées *arimannia* [2], du rang des personnes [3], *allodium*, *an lot*, du mode de distribution, et distinguées par là, sous le nom de *sortes* [4], qu'on retrouve si fréquemment dans les documents du moyen âge.

Les Lombards et les autres barbares qui avaient conquis l'empire d'Occident étaient régis par des institutions toutes militaires ; la nation se considérait comme une armée et obéissait aux ordonnances propres aux soldats. La famille était appelée *fara* ou *faren* [5] : on participait à ses droits, dans le principe, à 12 ans, plus tard à 18 [6]. Le roi était chef suprême des *faren ;* le duc en avait sous ses ordres 1728 ; le *sculdais* ou *sculdacius*, appelé en latin *centenarius*, 120 ; le décan, *decanus*, 12. Tous étaient connus sous le nom d'*exercitales*, *war*, *warones*, *hermann* ou hommes de guerre [7]. Je parlerai plus tard des attributions de ces officiers.

Outre leurs esclaves, les Lombards avaient auprès d'eux les *aldiones* ou *liti*, soumis au *mundeburd* ou à leur puissance, gens d'une condition intermédiaire entre la liberté et l'esclavage, placés sous la dépendance

---

[1] Balbo, *Storia d'Ital.*, t. 2, p. 45. — De Vesme et Fossati, *Vic. della prop. in Ital.*, l. 2, c. 7, p. 187.

[2] Savigny, Hist. du Droit rom., t. 1, c. 4, § 6 et suiv.

[3] Wactherii, *Gloss. germ.*, v° *An lot.*

[4] Brunetti, *Cod. diplom. Tosc., documenta* 40-45, 70. — Ducange, *Gloss.*, v° *Sors.* — Savigny, t. 1, c. 1, § 1.

[5] P. Diac., l. 2, c. 9.

[6] Canciani, t. 1, Roth. leg., 155. Liutp. *leg.*, l. 4, leg. 1.

[7] De Vesme et Fossati, l. 3, c. 4. — Ducange, v° *Hermanni.* — Savigny, t. 1, c. 4, p. 145.

du maître, mais différents des esclaves, principalement en ce que ceux-ci étaient attachés à la terre et ceux-là aux personnes [1].

Les Romains, sujets de l'empire lombard, furent à ce qu'il paraît soumis à cet état d'*aldiones* ou *tertiatori* [2], selon l'expression d'un historien de nos jours, c'est-à-dire tenus de donner aux vainqueurs le tiers des revenus de leurs terres. Mais tous les auteurs ne sont pas d'accord sur ce point. Quelques-uns, dont je ne puis partager l'opinion, regardent les Italiens soumis, non comme les *aldiones*, mais comme les *liberi homines* des lois lombardes [3]. D'autres soutiennent que la confusion et l'erreur, relativement à ces *liberi homines*, proviennent de ce qu'on n'a point distingué la condition des Italiens subjugués par les Lombards, de celle dans laquelle se trouvaient placés les Italiens qui vinrent, après la conquête, habiter le pays occupé par ces barbares. Selon eux, la dénomination de *liberi homines* doit être réservée aux derniers venus, nommés *waregang* dans l'édit de Rotharis; ils font remarquer, en outre, que tous les Lombards n'étaient pas aptes à servir dans l'armée et que ceux d'entre eux qui ne devenaient point soldats, faisaient, comme les *exercitales* ou hommes de guerre, partie du corps de la nation [4]. Enfin tous les historiens reconnaissent, et cela suffit à mon but, que si, dans le principe, le sort des Italiens ressemblait à celui des *aldiones*, le temps et les événements dont je

---

[1] Troya, t. 1, part. 5, p. 31-32. — Canciani, t. 1, p. 295, v° *Mundeburd*, Ad potestatem obtinendam natus.

[2] Troya, t. 5, part. 5, p. 33.

[3] Savigny, t. 1, c. 4. — De Vesme et Fossati, l. 2, c. 7.

[4] Troya, t. 1, part. 5, p. 100.

parlerai plus tard apportèrent dans leurs destinées des changements si heureux, que, sous les Carlovingiens, les droits des vainqueurs et des vaincus étaient presque entièrement égaux. Lorsque la Corse tomba au pouvoir des Lombards, ayant pour roi Liutprand, les peuples s'étaient en grande partie dépouillés de leur caractère féroce [1], et offraient déjà les premiers germes de cette civilisation qui devait porter de si heureux fruits dans le siècle suivant.

La première conséquence de cet ordre de choses, né principalement du droit de propriété, fut la fixation de la composition, *widrigild* [2], ou l'évaluation des *aldiones* royaux devenus par là aptes à conquérir leur liberté et à occuper les emplois dépendants de la volonté royale [3]. Les concessions faites, dans la suite, aux évêques par la reine Théodolinde [4], le nombre toujours croissant des tenanciers libres [5], le voisinage et l'exemple de quelques cités grecques et romaines ayant conservé les coutumes municipales, judiciaires et ecclésiastiques qu'elles avaient sous l'empire de Rome, le besoin de règles et de formules plus efficaces pour passer les contrats et déterminer les droits et obligations attachés à la possession des terres [6], règles inconnues aux Lombards du temps de Rotharis, avaient provoqué les salutaires ordonnances de Liutprand et préparé cet état florissant

---

[1] Machiavelli, *Storia Fiorent.*, l. 1.

[2] Canciani, t. 1, p. 296, *Widrigilt*, *Weregilt*, *Weregil*, retributio, pretium damni lati, compositio more veteri Germanorum.

[3] Canciani, t. 1, *Roth. leges*, c. 378.

[4] Paul. Diac., l. 4, c. 6.

[5] Troya, t. 1, part. 5, p. 242-243.

[6] Canciani, t. 1, *Liutp. leges*, lib. 5, leg. 1, 3, 4. — Troya, t. 1, part. 5, p. 184.

qu'élevèrent à un si haut degré la piété et la vertu des souverains pontifes et la sagesse de Charlemagne.

La Corse qui , à cette époque, c'est-à-dire en 725, fut réunie aux provinces lombardes dont le sort était devenu meilleur, fut exempte des tristes vicissitudes qu'éprouva l'Italie envahie par les barbares , et n'eut qu'à jouir des changements heureux qui s'étaient opérés. Il est donc à présumer, comme je l'ai dit, que les Lombards obligés par la force des choses à recourir aux lois romaines pour gouverner leurs propres sujets, ainsi que l'atteste une ordonnance de Liutprand de 727 [1], n'ont pas cherché à abolir entièrement les coutumes romaines dans la Corse, la plus éloignée de leurs provinces , qu'il était difficile de maintenir en respect à cause du caractère de ses habitants , de sa position insulaire et de ses montagnes. Les vainqueurs n'auraient retiré aucun profit de semblables tentatives et le peuple y aurait perdu beaucoup. On peut donc en inférer que les Lombards se bornèrent, en Corse, à confisquer, pour les partager entre eux , les terres désertes, abandonnées, ou celles qui appartenaient au fisc et aux curies [2], ou peut-être encore celles du clergé ; et que , par leurs lois , par leurs arimans, *arimanni*, chargés de gouverner cette île et d'occuper les propriétés confisquées, ils y ont exercé cette influence que les mœurs , les coutumes et la puissance des nouveaux maîtres et habitants devaient affermir et développer avec le temps.

Les institutions lombardes étaient , ainsi que je l'ai dit, toutes militaires. Les officiers de l'armée , comme

---

[1] Canciani , t. 1, lib. 6, leg. 37, 74, 100.

[2] Brunetti, *Cod. dipl.* , part. 1 , doc. 48 ; part. 2 , t. 2, doc. 13. — Muratori , *Antiq. ital.*, Diss. 32.

les préteurs de Rome, commandaient les peuples durant
la guerre, les gouvernaient pendant la paix.

Après le roi, chef suprême de la nation, ceux des officiers qui occupaient le premier rang étaient les ducs,
dignité empruntée aux Romains, mais avec d'autres
attributions introduites en Italie par Narsès, et adoptées par Alboin à son entrée dans le pays, selon le témoignage des historiens [1]. Les ducs avaient le gouvernement des provinces. Elles étaient divisées en grandes
et petites, qualifications appliquées également aux officiers précités. Les chefs des premières étaient presque
indépendants du roi et en quelque sorte souverains ;
leur pouvoir était héréditaire et soumis seulement,
dans l'origine, au consentement préalable de l'armée et
à l'approbation royale. Les gouverneurs des secondes
étaient principalement chargés d'administrer la justice
au nom du prince ; ils portaient seuls le titre de juges [2].
Le duché s'appelait gouvernement et plus anciennement *gau* [3], *pagus*, lieu de justice. Les petits ducs,
juges et premiers ministres du roi, chacun dans son
district, supérieurs aux autres officiers chargés de l'administration, exerçaient aussi, en même temps, et sous
la dépendance royale, le commandement et la juridiction [4].

Après les ducs venaient les comtes, vicaires des ducs
et principalement de ceux de première classe ; ils gouvernaient les villes et les châteaux, avaient une auto-

---

[1] Zozime, l. 2, c. 33. — *S. Gregorii opera*, t. 2, l. 1, ep. 48. —
Paul. Diac., l. 2, c. 12.

[2] Canciani, t. 1, *Roth. leg.*, 25 ; *Liutp. leg.*, l. 4, leg. 9.

[3] *Monumenta hist. patriæ*, t. 1, p. 110, not. 2, August. Taurin.

[4] Muratori, *Antiq. ital.*, Diss. 5. *Antich. estensi*, part. 1, c. 5. —
Brunetti, *Cod. dipl.*, p. 1, sez. 3, c. 1, § 4, 5.

rité peu différente de celle des ducs auxquels toutefois ils devaient fidélité et service en temps de guerre [1]. Ensuite venait le *gastaldus* chargé, dans le principe, d'administrer le patrimoine du roi, et plus tard de rendre la justice [2]. Au-dessous de lui étaient les sculdais, *centenarii*, juges dans les châteaux et les bourgs, *pagi*, appelés de leur nom *sculdacia*, *centena*, jouissant d'une autorité à peine plus étendue que celle des baillis de village dans le moyen âge [3]. Enfin on comptait les décans et les *saltarii* ou gardes des forêts, inférieurs aux sculdais et exerçant aussi le pouvoir civil et militaire dans leur propre district appelé *decania* et étendu d'abord à dix faren [4]. La hiérarchie du gouvernement des Lombards était donc réduite aux dignités suivantes : le duc avait au-dessous de lui plusieurs comtes ; ceux-ci, dans les lieux où il y en avait, commandaient à divers *gastaldi ;* ces derniers à plusieurs sculdais qui avaient sous leurs ordres un nombre plus ou moins grand de décans. Dans la juridiction le juge était assisté de quelques assesseurs, nommés *scabini*, juges eux-mêmes et remplissant auprès de lui les fonctions de ministres ou de conseillers privés, selon l'opinion d'un savant écrivain [5]. ·

---

[1] P. Diac., l. 5, c. 23. — *S. Gregorii opera*, t. 2, l. 4, ep. 47.

[2] Canciani, t. 1, p. 294, *Gassaldus, gastalde*. Exponitur, qui curtim gubernat. Proprie, positus, qui vicem gerat. *Roth. leg.*, 23, 24, 388. — Brunetti, p. 1, sez. 3, c. 1, § 5, 6, et docum. 2, 8, 11.

[3] P. Diac., l. 6, c. 24. — Canc. t. 1, *Sculd hais*, debiti præfectus, qui non de capite sed de pecuniâ judicat. *Liutp. leg.*, lib. 4, leg. 8; t. 4, p. 220. *In leges in aug. conditas monit. Collect.* — Muratori, Diss. 8. — De Vesme et Fossati, p. 136-137.

[4] Canc. t. 4, p. 219. — Brunetti, p. 1, sez. 3, c. 1, § 10. — Savigny, t. 1, c. 4, p. 220-221.

[5] Brunetti, p. 1, sez. 3, c. 1, § 7.

Il est encore question , dans l'histoire de ce peuple, d'autres juges appelés *missi*, envoyés par le roi , dans les cas extraordinaires, avec le pouvoir de juger causes sur lesquelles il s'était réservé de statuer [1].

Chez les Lombards on ne poursuivait pas toujours l'auteur d'un délit. Généralement il n'y avait lieu à aucune peine si l'offensé ou son héritier ne l'exigeait devant la justice , excepté quand il s'agissait d'une peine pécuniaire à laquelle le fisc avait droit, quand le coupable était un esclave du roi et dans quelques autres cas.

Les juges étaient des Lombards libres , *exercitales ;* aucun autre n'avait le droit de siéger. Ils devaient être de condition égale à l'accusé, et ils étaient réputés tels quand même ils se trouvaient d'un rang plus élevé. Aussi, dans les documents qui nous restent, les juges sont toujours désignés sous les noms de *idonei homines*, *boni homines* , *nobiles* [2]. Eux seuls pouvaient connaître du fait. Leur nombre régulier était de 12 ; ils étaient appelés, en raison du serment qu'ils prêtaient, *aidos*, en latin *sacramentales*. Six suffisaient pour les causes dont l'importance était au-dessus de 12 *solidi* et au-dessous de 20 ; trois étaient alors choisis par l'accusateur, deux par l'accusé, le sixième était l'accusé lui-même. Les procès au-dessous de 12 *solidi* étaient soumis à trois juges désignés : l'un par l'accusateur, l'autre par l'accusé, qui formait lui-même le troisième. Quand ils étaient douze, ils juraient sur l'Évangile ; six ou trois, sur les armes bénites [3].

---

[1] Brunetti, p. 1 , doc. 9.

[2] De Vesme et Fossati, *Vic. della prop.*, l. 2, c. 4, p. 144.

[3] Canc. , t. 1, *Roth. leg.*, 364, not. 5. — De Vesme et Fossati, l. 2, c. 4, p. 144.

Cet ordre de choses et cette administration judiciaire commencèrent quand la nation lombarde fut devenue trop nombreuse pour régler dans une assemblée générale les procès des sujets. Je dois faire observer, relativement à l'origine et aux progrès de cette institution, que le pouvoir de juger fut d'abord confié seulement à quelques personnes. Ensuite le tribunal fut composé, pour les procès de peu de valeur, d'une *decania* présidée par le *decanus*. Les causes plus importantes étaient, dans le principe, jugées par la centurie sous le sculdais; plus tard, pour faire cesser la confusion résultant d'un trop grand nombre de juges, on choisit dans la centurie douze personnes, peut-être douze *decani*, appelés à composer le tribunal; il est enfin permis de présumer que, parmi les sculdais et les autres officiers placés au-dessous de duc, il fut choisi douze *sacramentales*, présidés par le duc lui-même, dans les grandes circonstances[1]. Les procès entre les Romains arrivés après la conquête, étaient jugés par leurs évêques, selon les lois romaines[2].

Avant de traiter de la procédure judiciaire, il importe de faire remarquer que les barbares, comme toutes les autres sociétés, se proposaient deux buts principaux dans leurs lois : la paix extérieure et la tranquillité intérieure. Ils assuraient la première par la guerre appelée *wher*[3], quand elle avait lieu dans l'intérêt public, et *faida*[4], quand un motif particulier la faisait entre-

---

[1] De Vesme et Fossati, l. 2, c. 4, p. 145.

[2] *Ibid.*, c. 8, p. 207 et suiv.

[3] Ducange, v° *Guerra*.

[4] Ducange, v° *Faida*. — Canc., t. 1, p. 293, *Faithc, Feithe, ini micilia testata*.

prendre. Ils s'attachaient à maintenir la tranquillité intérieure ou *fredum* [1], à l'aide de la sanction de la loi, *bannum* [2], mot appliqué dans la suite à presque tous les actes du gouvernement, aux compositions, aux amendes. La sûreté de chaque Lombard était donc garantie par le *bannum*, et quiconque se trouvait mis hors du *bannum* était regardé comme exclu de la société, *forbannitus* [3]. Le besoin de maintenir la tranquillité publique chez le peuple, toujours en armes et prêt à la vengeance, fit déterminer le dédommagement dû à l'offensé, et de là le *widrigild* ou la composition, qui revenait partie au plaignant, partie au fisc, et qui prouvait la réconciliation, *suna* [4]; le coupable pouvait par là s'exempter, presque dans tous les cas, de la peine corporelle.

La procédure civile et criminelle de ce peuple était sommaire ou abrégée et peu différente de celle en usage chez les autres barbares qui avaient conquis l'Occident. Le défendeur ou l'accusé cité, selon le cas, ou par le demandeur, *mannitio* [5], ou par le juge, *per bannum*, était tenu de se présenter en justice. Quelquefois on donnait, en présence de témoins, le *wadium :* il consistait en un anneau ou autre signe matériel laissé dans la maison de l'appelé en justice, et ce dernier, sommé ainsi de comparaître, devait s'obliger, en donnant une caution, à se

---

[1] Canc., t. 1, p. 293, *Freda, Fredum*, pax : et indè compositio cum rege.

[2] *Ibid*, *Bannum*, jurisdictio, et indè mulcta.

[3] *Ibid.*, *Forbannus*, *Forbannen*, extrà territorium positus.

[4] Ducange, v° *Suna, fœdus*, pactum.

[5] Canciani, t. 1, p. 294, *Mannire mannen*, citare; nomen à lunâ novâ aut plenâ, quæ tempore rebus agentibus captabant Germani.

présenter devant le tribunal [1]. En cas de non comparution, il était assigné de nouveau [2]. Au jour déterminé par la dernière citation, le demandeur se présentait en justice; il attendait le défendeur du lever au coucher du soleil; alors il demandait au juge de constater le défaut et l'absence de toute excuse légitime. Cette formalité accomplie, si le défendeur, quoique cité par le juge, ne se présentait pas encore, le magistrat, conformément aux lois, ordonnait la séquestration de ses biens, *pandiare*, *pandire* [3], et, à l'expiration de l'année, ils étaient adjugés au demandeur ou au trésor du roi [4].

Quand les parties se présentaient devant le juge, soit volontairement, soit après l'accomplissement des formalités, le plaignant exposait la demande ou articulait les griefs; le défendeur expliquait ses raisons et ses moyens de défense. En cas de doute, il y avait débat; on donnait le *wadium*, en présence du juge, et on prenait l'engagement de comparaître de nouveau au jour fixé [5], soit avec les témoins désignés par les parties [6], soit avec des titres [7], soit enfin avec les *sacramentales* dont j'ai parlé; quelquefois on avait recours au duel judiciaire dont il sera fait mention ci-après. Les causes, au moins dans les premiers temps, étaient discutées per-

---

[1] Le *Wadium* était le *Vadimonium* des anciens Romains. Canc., t. 1, *Roth. leg.*, c. 255; *Liutp. leg.*, lib. 3 c. 1.

[2] Canc., t. 1, *Lud. Pii leg.*, c. 19.

[3] Ducange, v° *Pandare*, *Pandiare*.

[4] Canc., t. 1, *Lud. Pii leg.*, c. 20.

[5] Canc., t. 1, *Rachis leg.*, c. 1.

[6] Brunetti, t. 1, p. 1, doc. 9. — Canc., t. 1, *Liutpr. leg.*, l. 2, c. 2.

[7] *Memorie per servire alla stor. del duc. di Lucca*, t. 5, part. 2, p. 74, doc. 127.

sonnellement sans l'intermédiaire de procureur, excepté lorsqu'il s'agissait des veuves, des orphelins et des monastères [1]. La sentence, *bannum* [2], était prononcée par le juge ; qui pouvait être le roi ou tout autre officier [3]. Le greffier rédigeait les demandes, les réponses, les dépositions des témoins et la sentence. Cet officier, qui était presque toujours d'origine romaine depuis le commencement de la monarchie lombarde, écrivait en latin, les Lombards n'ayant jamais, depuis leur arrivée en Italie, fait usage de leur langue particulière pour les actes du gouvernement [4].

Les causes civiles, dans certains cas, et les causes criminelles se jugeaient ordinairement dans la même journée, après l'audition du demandeur ou de l'accusateur, des témoins et des moyens de défense. Si le juge ne terminait pas le procès dans le délai de quatre jours, il était obligé de le renvoyer devant le juge supérieur, forcé à son tour d'y mettre un terme dans les six jours suivants ou de l'adresser au roi [5].

On en appelait du décan au sculdais, de celui-ci au *gastaldus*, au comte ou au duc, selon les cas, et de ce dernier au roi [6]. Les peines pécuniaires imposées par la cour, *in causâ regiâ*, étaient doubles de celles fixées par les autres tribunaux, excepté dans les causes qui s'élevaient à 900 *solidi*. Ces amendes appartenaient au roi en tout ou en partie, et arrêtaient, par leur desti-

---

[1] Brunetti, t. 1, p. 1, sez. 2, c. 1, § 4.

[2] Canc., t. 1, p. 293.

[3] Brunetti, p. 1, sez. 2, c. 1, § 1.

[4] Pagano, *Del processo criminale*, c. 10. —Brunetti, t. 1, p. 1. doc. 10.

[5] Canc. t. 1, *Liutpr. leg.*, lib. 4, c. 7, 8.

[6] Canc., t. 1, *Liutpr. leg.*, leg., lib. 4, c. 7.

nation, la tendance de plaideurs entêtés à interjeter appel des sentences des juges inférieurs [1]. Le magistrat s'appropriait le tiers des amendes qui revenaient au fisc; c'était à cette époque le principal revenu du trésor royal et des officiers inférieurs.

Les jugements de Dieu étaient un genre de preuve légale très-usité chez les barbares. On les appelait grands jugements, *ordalia* [2], et chez les Italiens *paribiles*, c'est-à-dire évidence des faits [3]. Ce mode de procéder, introduit en Italie par on ne sait quels barbares, mais non toutefois par les Ostrogoths, comme le pensent quelques auteurs [4], fut peut-être plus fréquemment employé par les Lombards [5]. On s'en servait principalement quand il s'agissait d'anéantir une sentence ou un témoignage accusateur. Au premier rang de ces sortes de preuves légales figurait le duel ou combat en champ clos, la plus ancienne et la plus commune de toutes. Dans ces jugements de Dieu, les parties, à l'exception de celles que l'usage autorisait à se faire représenter par champions, *camphiones* [6], étaient obligées de combattre en personne. Le vainqueur gagnait son procès, le vaincu était condamné [7].

Les autres jugements de Dieu consistaient dans les épreuves 1° du fer rouge [8], *judicium ferri candentis;*

---

[1] Canc., t. 1, *Roth. leg.*, c. 372; *Liutp. leg.*, lib. 6, c. 24; *Aistulph. leg.*, c. 8.

[2] Ducange, v° *Ordalia.*

[3] *Constitut. regni Siciliæ*, l. 2, tit. 31. — Canc., t. 1, p. 349.

[4] Cassiod. *Variar.*, l. 3, ep. 24. — Murat., Diss. 39.

[5] P. Diac., l. 4, c. 49. — Canc., t. 1, *Liutp. leg.*, lib. 6, c. 65.

[6] Canc., t. 1, *Oth. leg.*, c. 10, 11; *Roth. leg.*, c. 198.

[7] Murat., Diss. 39.

[8] *Ibid.*, Diss. 38.

la preuve se fournissait de deux manières : tantôt l'accusé portait dans ses mains une lame de fer [1] bénite et rougie au feu, *judicium ferri ardentis*, tantôt il foulait aux pieds des socs de charrues également rougis ; 2° de l'eau chaude [2], *judicium aquæ ferventis ;* elle avait lieu en plongeant la main dans l'eau chaude avec des cérémonies particulières ; 3° de l'eau froide [3], *judicium ad aquam frigidam ;* dans cette dernière, l'accusé ayant le pied droit attaché à la main gauche, et le pied gauche attaché à la main droite, était jeté à l'eau ; surnageait-il, on le déclarait coupable ; allait-il au fond, il était reconnu innocent. Dans l'épreuve de la croix, autre jugement de Dieu, aboli par Louis le Débonnaire, l'accusé était obligé de rester les bras étendus en croix pendant la durée de certaines prières récitées par un prêtre ; le patient était regardé comme coupable s'il ne pouvait jusqu'à la fin garder la même position. On procédait quelquefois à cette épreuve en conduisant l'accusé dans l'église ou vers la tombe d'un saint ; là, on traçait une croix sur une baguette et on la plaçait sur l'autel avec une autre baguette semblable, mais qui ne portait pas de signe, en chargeant un enfant ou un prêtre de choisir l'une des deux ; s'il prenait celle marquée de la croix, on en tirait la preuve de l'innocence [4].

Il y avait enfin une dernière épreuve légale, celle du pain et du fromage, *judicium panis et casei*, dans laquelle, après quelques cérémonies religieuses, on pré-

---

[1] Muratori, Diss. 38.
[2] *Ibid.*, — Canc., t. 1, p. 284.
[3] Canc., t. 1, p. 282, 283. — Murat., Diss. 38.
[4] Sclopis. *Storia delle legislaz. ital.*, cap. 6, p. 202, 203.

5

sentait à l'accusé du pain et du fromage bénits ; il était déclaré innocent, s'il les avalait d'un seul coup, et coupable dans le cas contraire [1].

Les lois auxquelles obéissaient les barbares du nord étaient regardées comme personnelles, c'est-à-dire propres aux personnes et non au pays. La réunion, dans la même ville, de barbares de nations différentes, et le désir qu'ils avaient de conserver leurs lois respectives, sont, à ce qu'il paraît, la véritable origine de cette distinction. Saint Agobard, archevêque de Lyon, écrivait sous Louis le Débonnaire, que de cinq personnes qu'on voyait causer ensemble, souvent aucune n'obéissait aux mêmes lois que les autres [2]. L'italie, à cette époque, outre les Romains, renfermait dans son sein les Lombards, les Francs, les Saliens, les Ripuaires, les Allemands, les Bavarois, les Bourguignons, tous régis par les lois de leurs nations respectives. Rotharis assujettit aux lois lombardes tous les étrangers qui viendraient résider dans ses États, excepté ceux auxquels le prince accorderait la permission de n'obéir qu'aux lois de sa nation [3]. Et quand Liutprand laissa la liberté de stipuler par contrat conformément aux coutumes romaines, il le fit par une disposition particulière [4], en dérogeant de cette manière à la loi de l'État qui, dans ce cas, devait être considérée comme un véritable statut réel.

Après ces observations, je reviens à mon but qui est de faire connaître les époques de la publication des lois lombardes et les dispositions de ces lois.

---

[1] Muratori, Diss. 38. — Canciani, t. 1, p. 284.
[2] Agobardi *Epist. ad Lud. Pium.*, D. Bouquet, t. 6, p. 356.
[3] Canciani, t. 1, *Roth. leg.*, 390.
[4] Canc., t. 1, *Liutp. leg.*, l. 6, c. 37.

Elles n'ont pas toutes été promulguées à la même époque. Les premières, celles de Rotharis, furent rédigées en latin, sous le titre d'Édit, et publiées, pour la première fois, en 643. Elles sont divisées en 390 chapitres, parmi lesquels plusieurs renferment des dispositions inconnues aux premiers Lombards, comme on le voit par la formule qui les accompagne, *prospeximus*. Cet édit fut rendu avec l'assentiment des grands du royaume, des juges et de l'armée tout entière, réunis en assemblée, selon l'usage en vigueur jusqu'alors et qu'on vit se maintenir sous les autres rois [1]. Grimoald ajouta d'autres lois à cet édit; celles de Liutprand sont bien plus remarquables; dans la suite, Rachis et Astolphe en publièrent aussi plusieurs, dont quelquesunes ont été récemment découvertes par deux savants italiens.

Le corps de lois de Rotharis peut se diviser en trois principaux chefs qui, à mon avis, servent à faire connaître le véritable caractère de la nation à laquelle ces lois étaient destinées : ce sont, si je ne me trompe, la tutelle des femmes, *mundium* [2], le mariage et la succession des biens. Le *mundium*, appelé aussi *mundeburd* [3], correspondait, dans les institutions germaniques, à la caution qui obligeait chaque citoyen à garantir les personnes placées sous sa dépendance. Les femmes, les enfants, les *aldiones*, les affranchis, moins les *ful-*

---

[1] Canc., t. i, *Roth. leg.*, *Prolog. in edict.*

[2] Canc., l. i, p. 295, *Mund.*, Mundium; potestas ab ore, quod qui eam habet pro alio in jure loqueretur.

[3] Ibid., *Mundeburd*, *Mundbyrd*, *Mundborun*. Undè vulgare *Mamburn*, ad potestatem obtinendam natus.

freal[1] ou entièrement libres, et les esclaves, étaient soumis à cette tutelle. Le protégé, libre de tutelle, s'appelait *amund*[2], le protecteur, *mundwald*[3]. La femme n'était jamais *amund*[4]. Fille, elle dépendait de son père, de son oncle légitime ou de son frère; femme, de son mari; veuve, de l'héritier le plus proche de ce dernier[5]; enfin du roi, si elle était dépourvue de tout autre protecteur[6]. Le protégé avait droit à une protection sans bornes[7]; les maîtres sur leurs esclaves, les pères sur leurs filles, les frères sur leurs sœurs avaient un pouvoir illimité.

Les affranchis ne devenaient *amund fulfreal* qu'à certaines conditions[8]. Les *aldiones*, comme je l'ai dit, étaient ceux qui ne jouissaient pas d'une entière liberté. Le *mundwald* ne pouvait forcer le fils âgé de moins de douze ans à s'obliger par contrat[9]; il ne pouvait le déshériter que dans certains cas déterminés par les lois[10]. La fille ou la veuve qui épousait un esclave pouvait être mise à mort, vendue ou expulsée du royaume par son *mundwald*. Si ce dernier négligeait d'user de son autorité

---

[1] Canc., t. 1, p. 294, Fulfreal, *Ful-fre-al*. Plenè, et omninò libera persona, quæ nec operas debet.

[2] Canc., t. 1, p. 293, *Amund*, *Amond;* a-mond, extrà potestatem.

[3] Canc., t. 1, p. 295, *Mund wald*, che gode del mundio, qui tali potestate est præditus.

[4] Canc., t 1, *Roth. leg.*, c. 225.

[5] Canc., t. 1, *Roth. leg.*, c. 182, 183.

[6] Canc., t. 1, *Roth. leg.*, c. 196, 197.

[7] *Ibid.*, c. 196.

[8] *Ibid.*, c. 225, 226.

[9] *Ibid.*, c. 155; *Liutp. leg.*, lib. 4, c. 1.

[10] Canc., *Roth. leg.*, c. 168, 169.

dans le cours d'une année , ses droits passaient au roi[1]. La femme adultère, ou celle qui avait attenté à la vie de son mari, pouvait être tuée impunément par ce dernier[2].

Dans le mariage, c'était le mari qui constituait la dot, *meta*[3]; s'il tardait plus de deux ans à la donner, à dater du jour des fiançailles , elle devenait la propriété du *mundwald*, qui pouvait la céder avec la femme à un autre individu[4]. Le mariage faisait cesser tous les droits de la femme sur les biens du *mundwald* et des parents de celui-ci[5]; mais elle faisait revivre ses droits en rentrant sous la tutelle de son *mundwald*, et en rapportant tout ce qu'elle avait reçu de lui. Dans ce dernier cas, elle pouvait même prendre part au partage des biens , après la mort de l'individu sous la dépendance duquel elle était placée[6]. Le lendemain des noces , il était permis au mari de faire donation à sa femme de tous ses biens, par un acte qui portait le nom de *morgincap*[7], ou don du matin[8]. Cette donation était d'usage ; l'oubli, dans cette circonstance , était regardé par la femme comme la plus cruelle des injures. Le mariage n'avait lieu qu'entre personnes libres ou avec des *aldiones*.

---

[1] Canc., *Roth. leg.*, c. 222.

[2] *Ibid.*, c. 213.

[3] Canc. , t. 1, p. 294, *Methium , Methe , Mede ;* sponsalitia , largitas , dotalis pecunia.

[4] Canc., t. 1, *Roth. leg.*, c. 178.

[5] *Ibid.*, c. 181.

[6] *Ibid.*, c. 199.

[7] Canc., t. 1 , p. 294, *Morgincap, Morgin-gaf,* matutinum donum quod post primam noctem novæ nuptæ datur.

[8] Canc. , t. 1 , *Liutp. leg.*, lib. 2, c. 1.

Mais, dans ce dernier cas, les enfants suivaient la condition du père [1].

En ce qui concerne l'hérédité des biens, je ferai remarquer que la parenté s'étendait jusqu'à la septième génération ou, comme on disait, jusqu'au septième genou [2]. Elle avait lieu au profit des enfants mâles, à l'exclusion des collatéraux, et au profit des femmes, à défaut d'enfant du sexe masculin, seulement dans l'ordre des successions légitimes [3] et dans les cas non exceptés par l'édit.

Le patrimoine paternel était divisé par portions égales entre les fils légitimes. Les bâtards mâles prenaient et partageaient également entre eux [4], sans égard au nombre, une portion d'enfant légitime. Si le défunt laissait des filles légitimes et des bâtards mâles, la succession était dévolue pour moitié aux filles et un tiers aux bâtards mâles, le sixième restait aux parents les plus proches [5] ou au fisc. Si le défunt ne laissait que des bâtards, ces derniers étaient exclus de la succession de leur père. Le roi héritait en partie du patrimoine de ses sujets, lorsque ceux-ci venaient à mourir sans descendants du sexe masculin et sans avoir fait de dispositions [6]. L'édit de Rotharis est muet au sujet des testaments, mais il permet la donation de biens entre-vifs, pourvu qu'elle soit faite par acte public et en présence

---

[1] Canc., t. 1, *Roth. leg.*, c. 217.
[2] *Ibid.*, c. 153.
[3] *Ibid.*, c. 181 ; *Liutp. leg.*, l. 4, c. C.
[4] Canc., t. 1, *Roth. leg.*, c. 154.
[5] *Ibid.*, c. 158.
[6] *Ibid.*, c. 158, 224.

de témoins. Cette sorte de donation s'appelait *thinx*[1]. L'acte qui la constatait avait besoin, pour être valable, du *lannechild*[2] ou léger don fait par le donataire au donateur[3] ; elle était caduque quand il survenait des enfants, ou lorsque le donataire refusait des aliments à son bienfaiteur[4].

Grimoald apporta d'heureuses modifications à l'édit de Rotharis, au moyen de ses neuf lois relatives aux prescriptions, au droit de représentation dans les successions légitimes, ignoré des barbares qui avaient conquis l'Italie[5] et suggéré par la jurisprudence des Romains.

Mais, à ce sujet, la plus grande gloire appartient encore, sans contredit, à Liutprand, d'abord pour avoir publié, en 713, les lois qui, à défaut d'enfants mâles, permettaient aux filles et aux femmes, lorsqu'elles n'avaient jamais désobéi à leur père et à leurs frères[6], de recueillir l'héritage paternel ; ensuite, comme auteur d'une autre loi qui autorise les malades à tester pour le salut de leur âme[7], d'où est venu l'usage commun aux malades et à ceux qui ne l'étaient pas, de faire des donations aux églises, et, par conséquent, aux vaincus sans avoir à craindre qu'elles ne fussent annulées.

A ces premières lois succédèrent celles de 717, divisées en neuf chapitres. Par ces nouvelles dispositions,

---

[1] Canciani, t. 1, p. 295, *Thinx*, solemnis donatio, sive potiùs in jure cessio.

[2] Canc., t. 1, p. 294. *Launchild*, pecunia in pretium data.

[3] Canc., *Roth. leg.*, c. 175.

[4] *Ibid.*, c. 171.

[5] Canc., t. 1, *Grimoald. leg.*, c. 4, 5.

[6] Canc., t. 1, *Liutp. leg.*, lib. 1, c. 1, 2, 3, 5.

[7] *Ibid.*, c. 6.

Liutprand restreignit au quart des biens le don que le mari pouvait faire à sa femme le lendemain des noces; frein salutaire destiné à arrêter la cupidité des femmes et à mettre des bornes à la faiblesse des maris [1]. Il prescrivit le choix des témoins pour les contrats [2], le droit pour les filles de toucher la moitié du *widrigild* accordé pour l'homicide ou la mort violente du père décédé sans enfants mâles [3]. Il indiqua également de nouvelles formalités au moyen desquelles le roi, devenu maître des esclaves d'autrui, était appelé à les affranchir devant les autels par l'intermédiaire des ecclésiastiques [4]. Les lois de ce prince, promulguées en 720, portent qu'il n'y a pas lieu, lorsque deux ou trois témoins dignes de foi ont figuré dans un contrat, de recourir au serment [5]. Elles fixent à cinq années le délai à courir pour la prescription des créances non payées et non renouvelées [6], et règlent les effets de l'absence des négociants, dont le patrimoine pouvait, après trois ans, être partagé entre leurs héritiers ou être dévolu au fisc. Il était, en outre, interdit à la femme de l'absent de convoler à de secondes noces sans l'autorisation du roi [7].

Des lois non moins importantes furent encore publiées, en 721, sous le règne de Liutprand. Elles sont divisées en onze chapitres. Elles fixent la majorité à dix-huit ans, au lieu de douze, comme le portait l'édit, et reconnaissent la faculté pour l'homme, à cet âge, de disposer à son gré

---

[1] Canc., lib. 2, c. 1.

[2] *Ibid.*, c. 2.

[3] *Ibid.*, c. 7.

[4] *Ibid.*, c. 3.

[5] *Ibid.*, lib. 3, c. 1.

[6] *Ibid.*, c. 2.

[7] *Ibid.*, c. 4.

de ce qui lui appartenait pour le salut de son âme[5].
Viennent ensuite les lois relatives au *widrigild* pour
homicide volontaire, lois d'après lesquelles, indépendamment de la composition due à la famille de la victime,
le meurtrier était condamné à perdre tous ses biens,
qui se divisaient en deux portions, l'une pour les parents du mort, l'autre pour le fisc. Si ses biens n'étaient
pas suffisants pour tenir lieu du *widrigild*, le coupable
était livré aux parents du défunt[2], réminiscence évidente de l'interdiction de l'eau et du feu prononcée par
la loi *Cornelia*. A ces lois font suite celles qui défendaient aux femmes d'aliéner leurs biens avant d'avoir
été interrogées par deux ou trois de leurs plus proches
parents, obligés de s'enquérir, ainsi que l'acheteur, si
la venderesse n'avait pas été violentée pour consentir à
l'aliénation, par son mari ou par d'autres personnes,
clause que le notaire était tenu de constater avec soin et
en termes formels, sous peine d'avoir la main coupée[3].
Le quatrième livre des lois de Liutprand renferme enfin
plusieurs dispositions relatives aux différents degrés
de juridiction indiqués par le législateur, pour la décision des procès[4].

Le cinquième livre, publié en 723 environ, se com-
pose de vingt-quatre chapitres, tous remarquables par
leur conformité avec les lois romaines, sur les mariages
prohibés par le droit canon[5].

Le sixième et dernier livre, promulgué en 724,

---

[1] Canc., t. 1, *Liutp. leg.*, lib. 4, c. 1.
[2] *Ibid.*, c. 2.
[3] Canc., *Liutp. leg.*, lib. 4, c. 4; *Roth. leg.*, c. 247.
[4] Canc., *Liutp. leg.*, lib. 4, c. 7, 8, 9, 10.
[5] *Ibid.*, lib. 5, c. 1, 3, 4.

renferme, en 102 chapitres, outre les formules judiciaires qui jettent tant de lumière sur la procédure
des barbares, un assez grand nombre d'ordonnances
qu'il est utile de rappeler. Il faut citer d'abord celles
qui ont rapport à l'amende, fixée suivant la condition plus ou moins noble des personnes offen-
sées [1]; celles sur le duel et le combat judiciaire
pour la défense des *aldiones* [2], usage qui décèle
l'origine de l'obligation, pour les évêques et les monastères, d'intervenir dans ces combats par leurs
champions ou par leurs avocats. Suit le chapitre relatif
à l'abus introduit parmi les Lombards, mus par des
sentiments exagérés de religion, de prodiguer les donations pour le salut de leur âme. Le législateur les interdit
à ceux qui avaient encore des filles à marier, et déclare
nulles et de nul effet les donations faites dans le cas
où des enfants surviendront [3]. Je ne dois pas passer
sous silence la loi sur les immunités et priviléges à accorder aux militaires, où il est question de pauvres Lombards [4], ni celle qui ordonnait la construction de pri-
sons pour les voleurs, lois qui prouvent qu'à cette
époque tous les Lombards n'étaient pas riches et que le
législateur avait reconnu la nécessité d'établir la peine
corporelle pour suppléer à l'insuffisance de la peine pécuniaire [5].

Mais la loi la plus mémorable de ce règne, celle qui
atteste d'une manière plus évidente l'influence des cités

---

[1] Canc., *Luitp. leg.*, lib. 6, c. 9.
[2] *Ibid.*, c. 14.
[3] *Ibid.*, c. 11. *Filiam in casa habuerit in capillo.*
[4] *Ibid.*, c. 29.
[5] *Ibid.*, c. 26.

romaines sur les mœurs des vainqueurs de l'Italie, c'est la
loi relative au notariat, c'est-à-dire celle qui exige qu'on
se conforme dans les contrats aux dispositions soit du
Code lombard, soit du Code romain, au choix des parties contractantes, à condition d'observer rigoureuse-
ment les formalités prescrites par ces législations [1].
D'où il résulte que les règles suivies chez les Romains
étaient déjà regardées par les barbares comme indis-
pensables pour la rédaction des contrats et la décision
de ce qui touchait aux intérêts nés du droit de propriété. Il en résulte également que Liutprand, jaloux
d'étendre les limites de sa puissance, avait présenté aux
sujets italiens de l'empire grec des lois en harmonie
avec leur civilisation, afin de faciliter la réunion à son
royaume des provinces grecques, aussi cruellement
traitées que faiblement gouvernées par les ministres de
l'empereur. En terminant cette digression, je cite-
rai la loi relative à la légitime due aux enfants obéis-
sants [2], légitime plus ou moins considérable, suivant le
nombre de ceux-ci ; celle d'après laquelle une longue
possession et la prescription même ne pouvait confé-
rer la propriété de biens acquis à l'aide d'un faux titre [3];
celle qui blâme les duels et les jugements de Dieu, tolérés [4] comme de tristes restes des anciennes coutumes ;
celle relative aux mariages des Lombardes avec les
Romains arrivés après la conquête [5]; enfin celle qui

---

[1] Canc., *Liutp. leg.*, lib. 6, c. 37.

[2] *Ibid.*, c. 60.

[3] *Ibid.*, c. 62.

[4] *Ibid.*, c. 65. *Sed propter consuetudinem gentis nostræ Longo-*
bardorum legem impiam vetare non possumus.

[5] *Ibid.*, c. 74.

oblige les enfants à suivre la loi à laquelle leur père avait obéi avant d'être admis dans les ordres sacrés [1].

Rachis ajouta peu à ces lois par celles qu'il publia en 746, mais il n'en fut pas ainsi d'Astolphe. Ses lois de 754, dont je parlerai brièvement, ont rapport aux relations communes entre les Romains et les Lombards [2]; à l'affranchissement des esclaves par l'intermédiaire du clergé [3]; aux fraudes pratiquées afin d'obtenir des mourants la manumission de leurs esclaves [4] pour le salut de leur âme; à la faculté accordée au père d'avantager ses filles d'une partie de ses biens [5]; à la prescription de la propriété immobilière fixée à 30 ans; et à la condition [6] des débiteurs appartenant à l'armée, que le législateur s'efforce de rendre meilleure [7].

Le système de répression chez les Lombards, comme chez les autres barbares, roulait presque entièrement sur le *widrigild*, ou condamnation pécuniaire déterminée par la nature du délit et la condition de l'offensé. Cherchant à mettre un terme aux inimitiés privées et non à venger l'État, les Lombards considéraient l'indemnité accordée à l'offensé, au maître de l'esclave injurié ou au fisc, comme un dédommagement suffisant du délit; dès qu'elle était acceptée, l'offensé renonçait au droit de se venger, ce qu'avait prévu Rotharis en augmentant les peines pécuniaires. Les détails suivants

---

[1] Canc., *Liutp. leg.*, lib. 6, c. 100.

[2] Troya, t. 1, part. 5, p. 219.

[3] Canc., t. 1, *Aistulphi leg.*, c. 2.

[4] *Ibid.*, c. 3.

[5] *Ibid.*, c. 4.

[6] *Ibid.*, c. 9.

[7] *Ibid.*, c. 13.

suffiront pour donner une idée générale de ces peines. On taxait à 900 *solidi* l'homicide commis en secret sur une personne libre, à 60 celui d'un aldion, à 20 et à moins, suivant la profession, celui d'un esclave [1]; à 3 *solidi* un coup de poing donné à un homme libre, au double, un soufflet [2]; à 6 *solidi*, une blessure légère; à 12 *solidi* une blessure grave avec fracture; à 12 *solidi* deux blessures légères; à 18, trois et un plus grand nombre [3]. Celui qui appelait une femme sorcière, *strega*, ou celui qui donnait à un homme le nom de poltron, *arga* [4], devait payer 20 *solidi*. L'amende était moindre pour les esclaves. La nationalité apportait des modifications relativement aux peines. Ainsi la fornication d'un Lombard avec une esclave de sa nation était taxée à 20 *solidi*, et avec une Romaine à 12 [5].

Les crimes commis contre la tranquillité publique emportaient une peine corporelle, mais ils étaient peu nombreux. Passer à l'ennemi, trahir sa patrie, donner asile et protection aux condamnés à mort, se révolter contre le chef de l'armée en temps de guerre, fuir devant l'ennemi, pénétrer sans autorisation et les armes à la main dans la demeure royale, étaient des actes punis de mort, ainsi que l'homicide du maître par l'esclave, ou du mari par sa femme, et l'adultère [6]. Les faux-monnayeurs et les faussaires avaient le poing coupé. Les voleurs étaient condamnés à la prison et

---

[1] Canc., *Roth. leg.*, c. 14.
[2] *Ibid.*, c. 44.
[3] *Ibid.*, c. 46, 47.
[4] *Ibid.*, c. 197, 198, 384.
[5] *Ibid.*, c. 194.
[6] *Ibid.*, c. 3, 4, 5, 6, 7, 13, 36, 204, 213.

privés pour toujours de la liberté s'ils ne pouvaient indemniser la personne volée [1].

Toutes ces lois des Lombards dont j'ai peut-être trop longuement parlé, concourent, selon moi, à révéler le caractère de ces derniers conquérants de l'Italie. Le vrai système de cette législation se dessine nettement, surtout dans l'édit de Rotharis, code remarquable par la classification des matières, la précision et la simplicité dans la disposition de ses parties, l'exactitude avec laquelle sont décrites et taxées, selon la condition des personnes, les injures, les violences et les blessures, et par la longue série de lois destinées à régler la vie civile de ce peuple.

Les autres lois promulguées par Grimoald, Liutprand, Rachis et Astolphe, notamment celles du second, quoique plus conformes à la jurisprudence romaine que l'édit de Rotharis, contribuent aussi à faire connaître l'état de barbarie et la civilisation naissante du peuple lombard. Elles laissent apercevoir les mœurs de ces barbares au travers des traditions judiciaires empruntées aux vaincus.

J'ai dû parler de ces lois pour indiquer l'origine de certaines coutumes enracinées en Corse, car, à mon avis, ces coutumes se rapportent d'abord à la domination des Lombards dans l'île, et au séjour des marquis de Lunigiana, des Pisans et des Génois, qui, pendant plusieurs siècles, ont été soumis à ce peuple et ont conservé ses usages juridiques. Pour prouver ce que je viens d'avancer, je n'ai pas besoin de m'arrêter à la ressemblance du code des Lombards avec les statuts de la

---

[1] Canc., *Liutp, leg.*, lib. 6, c. 26.

Corse ; il suffit de rappeler les lois qui prescrivent la
dépendance perpétuelle de la femme, déclarée incapable
de disposer de son bien sans le consentement de son
aïeul, de son père, de son mari, de ses parents ou de ses
voisins, selon les cas [1] ; celles qui sont relatives à la dot [2]
et aux successions légitimes dont les femmes étaient ex-
clues [3] ; aux punitions prononcées contre ceux qui alté-
raient les monnaies [4], contre les faussaires [5] et les adultères [6] ; à l'obligation imposée à l'homicide d'obtenir par
acte public la paix des parents les plus rapprochés de la
victime [7], loi qui me semble modelée sur celles qu'on
trouve si souvent dans les Codes des barbares et té-
moigne du besoin de mettre un terme aux inimitiés
particulières, d'arrêter les sanglantes représailles de
la vengeance. Si les dispositions relatives au *widrigild*
ont été omises dans les statuts de la Corse, il faut attribuer cette omission aux changements survenus dans la
procédure criminelle, à l'action de l'officier public sub-
stitué aux particuliers dans la poursuite des crimes, et
aux besoins du fisc appelé à avancer les frais de la procédure. Toutefois, on laissa subsister, dans les lois de la
Corse, l'ancien usage d'après lequel le juge s'appropriait
une partie de la peine pécuniaire imposée au condamné,
et cet usage avantageux aux intérêts des gouverneurs
continua jusqu'à la fin de la domination des Génois dans

---

[1] *Statuti civili*, cap. 26.
[2] *Ibid.*, cap. 44. — Canc., *Roth. leg.*, c. 181.
[3] *Statuti criminali*, cap. 43.
[4] *Ibid.*, cap. 38.
[5] *Ibid.*, cap. 35.
[6] *Ibid.*, cap. 41.
[7] *Ibid.*, cap. 32.

l'île[1]. Je saisis cette occasion pour faire remarquer combien me semble injuste l'usage encore si commun en Corse, d'imputer aux lois des Génois tous les désordres qui, pendant tant de siècles, ont troublé la tranquillité publique et occasionné les guerres intestines de cette île ; car il est évident, pour quiconque lit avec attention l'histoire et les documents relatifs à ces temps, qu'au moment où les Génois s'emparèrent de la Corse, elle était soumise au pouvoir souvent faible, quelquefois cruel, plus fréquemment rapace et rarement bienveillant de feudataires plus ou moins puissants, ne connaissant d'autres lois que celles de la féodalité, n'obéissant qu'à des coutumes d'origine barbare et romaine, *more longobardico*, communes à toutes les nations de l'Italie.

La domination des Francs succéda, en Italie et en Corse, à celle des Lombards, et amena des changements, parmi lesquels je ne rapporterai que ceux qui se rattachent à mon sujet, c'est-à-dire à l'administration de la justice.

De 774 à 776, les Francs, sous la conduite de Charlemagne, se rendirent maîtres de l'Italie. Cette domination nouvelle apporta dans le pays un meilleur ordre de choses, surtout pour la population d'origine romaine. Charlemagne, à la prière des papes et du clergé, la favorisa au point de lui donner des droits presque entièrement égaux à ceux des barbares auxquels elle avait été soumise jusqu'alors. Le premier soin du vainqueur fut de diviser les anciens duchés lom-

---

[1] Le gouverneur de l'île avait droit au quart de toute condamnation pécuniaire.

bards [1]. Les moins étendus furent conservés, les autres furent partagés. Au nom et à l'autorité amoindrie [2] des ducs, on substitua la dénomination franque de *graff* [3] ou comte, *comes*, et quelquefois de *dux*, lorsque le territoire de sa juridiction était vaste. Ces officiers étaient de deux classes : les gouverneurs des petits duchés étaient appelés comtes, *comites mediocres*, *comites minores;* et les gouverneurs militaires qui commandaient à plusieurs de ces duchés, qu'on nommait marches, *marca*, parce qu'ils se trouvaient placés aux limites du royaume, étaient appelés *markgraff* ou comtes de la marche, et chez les latins *comites majores*, *comites fortiores*, *præfecti limitum*, et quelquefois *duces* [4].

La Corse était au nombre des marches du royaume d'Italie. Elle était gouvernée par un marquis, et ses différents districts l'étaient par des comtes. Boniface, Adalbert et les marquis de Lunigiana y ont exercé le pouvoir pendant plusieurs siècles [5].

Les *gastaldi*, institués par les Lombards et conservés par les Francs, avaient une autorité peu différente de celle des *comites minores*. Les premiers étaient prépo-

---

[1] Brunetti, t. 1, part. 2, c. 3, § 4. — Leo, *Vicende della costituzione delle città lombarde*, trad. dal Balbo, p. 70. — Canc., t. 1, *Carol. M. Leg.*, c. 9, 18; *Pip. Ital. leg.*, c. 8.

[2] Brunetti, t. 1, part. 2, c. 3, § 3. — Muratori, Diss. 5. — Lupi *Codex diplomaticus ecclesiæ bergamensis*, p. 562.

[3] Canc., t. 1, *Carol. M. Leg.*, c. 9, 18; t. 2, p. 148, 149, *lex Salica refor.*; t. 4, p. 223. — Baluz., *Capit. reg. Fr.*, t. 1, p. 200, 1223.

[4] Canc., *Carol. M. Leg.*, c. 72, 73. — Baluz., *Capit.*, t. 1, p. 529, 1233. — Murat., Diss., 6, 8.

[5] Einhardi, *Ann. franc.* anno 828. — Cenni, *Monumenta dominat. pontificia*, t. 1, *Præfatio*, p. 27. — Murat., Diss. 32.

sés au gouvernement des esclaves et des colons des domaines royaux ; les seconds commandaient aux hommes
libres d'origine germanique. Mais un certain nombre
des hommes libres dont je viens de parler s'étant fixés
loin de la demeure et conséquemment de la tutelle de
leur comte, il fut nécessaire de leur donner un protecteur et le *gastaldus* fut quelquefois appelé à remplir ce
rôle ; de là les noms donnés à ce dernier de *servator loci,
vicedominus, vicarius*, c'est-à-dire vicaire du comte [1] ou
viguier. Après les *gastaldi* venait le *sculdais* appelé
tunginus [2] par les Francs et plus communément *centenarius ;* sous ce dernier étaient les *decani* et les *saltarii* [3], dénominations que les Italiens n'adoptèrent pas
en général, car Pépin, obéissant à la force des choses,
reprit dans ses lois les noms anciens du vivant même de
Charlemagne [4].

Chez les Lombards et les Francs, le comté, *comitatus*,
formait un district de juridiction ; ses habitants étaient
appelés *pagenses* [5] ; il était gouverné par un comte à qui
tous les habitants étaient soumis [6], excepté les évêques, les
abbés et les colons du patrimoine du roi. Les comtes,
élus d'abord par le peuple, ensuite nommés par le roi [7],

---

[1] Leo, *opera cit.*, p. 74, 75. — Baluz., *Capit.*, t. 1, p. 346,
348, 796.

[2] Baluz., *Capit.*, t. 1, p. 311, 313.

[3] Canc., t. 1, *Pip. Ital. reg. leg.*, c. 10.

[4] *Ibid.*, c. 8, 10.

[5] *Ibid.*, c. 8 ; *Liutp. leg.*, lib. 5, c. 15 ; *Carol. M., leg.*, c. 67. —
Murat., Diss. 8.

[6] Canc., *Carol. M. Leg.*, c. 43. — Baluz., *Capit.*, t. 1, p. 550.

[7] Meyer, Esprit, origine et progrès des instit. judic., t. 1,
p. 428.

Francs d'origne [1] et quelquefois Lombards [2], exerçaient tous les pouvoirs dans leur district, et présidaient les plaids, c'est-à-dire les assemblées dans lesquelles on traitait des affaires publiques et l'on jugeait les procès [3] Ces plaids étaient de deux sortes, généraux, *placita generalia legitima* [4], ou particuliers, *placitum condictum*. Les premiers avaient lieu trois fois par an, de dix-huit en dix-huit semaines, sous la présidence du comte. On y connaissait des causes relatives à la vie, à la liberté et aux propriétés immobilières des sujets [5]. Les seconds, en temps de paix, étaient convoqués soit tous les mois, soit, comme chez les Allemands, tous les quinze jours ou, suivant la locution en usage, toutes les quinze nuits, et, quand la tranquillité publique était en péril, tous les huit jours, c'est-à-dire le samedi de chaque semaine. Les échevins y jugeaient les causes pécuniaires et celles qui étaient relatives à la police. Ils étaient ordinairement présidés par le viguier ou le *centenarius* [6].

Dans le principe tous les hommes libres de la nation des Francs avaient droit d'assister aux *plaids* en qualité de conseillers; ils portaient alors le nom d'*ari-*

---

[1] Canc., t. 2, *Formulæ ad usum regni Ital.*, ad leg. 15, lib. 5, *Liutp.*, p. 469. — *Memorie per servire alla storia del ducato di Lucca*, t. 5, part. 2, p. 239, *Homines franciscos*, docum. 397.

[2] Canc., *Pip. Ital. reg. leg.*, c. 8.

[3] Murat., Diss. 31.

[4] Canc., t. 1, *Carol. M. Leg.*, c. 69 ; *Lud. Pii leg.*, c. 41. — Murat., Diss. 31.

[5] Baluz., *Capit.*, t. 1, p. 671, 497.

[6] Baluz., *Capit.*, t. 1, p. 66, 105, 498; — Canc., t. 1, *Carol. M. Leg.*, c. 36, 37, 69.

mann, rachimburgi, sagibarones [1]; mais plus tard Charlemagne détermina le nombre des juges qui devaient
décider du fait; ils furent nommés échevins, *sca-*
bini, par les Francs et même quelquefois par les
Lombards. Cette mesure avait pour but d'empêcher les
comtes d'appeler dans les assemblées soit des personnes
ignorantes ou vénales, soit un nombre de juges plus
grand qu'il ne fallait. Plus tard, pour mettre un terme
à l'exigence des comtes et des viguiers, jaloux d'avoir
une suite nombreuse quand ils se rendaient à ces plaids,
ou pour prévenir la corruption qu'aurait occasionnée le
désir de se soustraire à cette charge, les plaids généraux
ne durent plus compter que sept échevins ou tout au
plus douze, comme on le voit sous Louis le Débonnaire,
non compris les vassaux du comte [2], et les plaids particuliers, sept seulement [3].

Les échevins étaient élus par les *pagenses* ou habitants du comté, en présence du comte ou du *missus*
dominicus. Ils devaient être de la nation des Francs, jouir
d'une bonne réputation, avoir de bonnes mœurs et être
initiés dans la connaissance des lois. Avant d'entrer en
fonction, ils juraient d'expédier les causes avec célé-
rité, de faire bonne justice et de n'accepter ni faveurs,
ni présents [4]. Charlemagne leur recommanda de terminer promptement les causes qui intéressaient les pauvres, les orphelins et les veuves. Louis le Débonnaire

---

[1] Baluz., *Capit.*, t. 1, p. 316, 318. — Canc., t. 2, p. 149, 151.
Lex Salica reform.

[2] Canc., *Carol. M. Leg.*, c. 22, 49, 116. — Baluz., *Capit.*, t. 1,
p. 665.

[3] Canc., *Carol. M. Leg.*, c. 116; *Loth. primi leg.*, c. 48, 94.

[4] Baluz., *Capit.* t. 1, p. 106, 393, 466, 764, 961, 1216.

leur imposa l'obligation de donner des avocats d'office aux pauvres et aux ignorants. Louis II leur prescrivit de juger d'après les lois et non arbitrairement. Il voulut que les comtes, les juges, les plaideurs et les témoins fussent à jeun lorsqu'ils paraissaient en justice[1]. L'officier qui ne se présentait pas au plaid ou qui ne se faisait pas légalement excuser était puni d'une amende[2]. Les fonctions de juge étaient considérées comme une charge et non comme un droit.

Les assesseurs, appelés échevins chez les Francs, *scabini*, et plus souvent *judices civitatis* en Italie et en Toscane, furent nommés *barigildi* en Corse, où quelques-uns, au lieu d'être élus comme ailleurs par les habitants du district, étaient envoyés des autres provinces du royaume et peut-être plus particulièrement de la Toscane[3]. Le nom de *gastaldus* (officier chargé, sous les Lombards, de l'administration des domaines royaux) se conserva dans cette île pendant plusieurs siècles, et il est constant aujourd'hui que chacun de ses districts était, comme ceux d'Italie, gouverné par un comte.

Charlemagne, pour donner plus de durée à ses institutions, avait voulu que les comtes et les évêques se prêtassent une mutuelle assistance et se surveillassent réciproquement; il espérait sans doute par là découvrir avec plus de facilité les fautes des uns et des autres[4].

---

[1] Canc., *Carol. M. Leg.*, c. 42, 58, 114; *Lud. Pii leg.*, c. 11; *Lud. Secundi leg.*, c. 4. — Baluz., *Capit.*, t. 1, p. 764.

[2] Baluz., *Capit.*, t. 1, p. 67.

[3] *Mem. per servire alla stor. di Lucca*, t. 5, part. 2, docum. 564, 595, 647, 698.

[4] Canc., t. 3, *Capit. reg. Fr.*, l. 5, c. 269, 271, 273.

Mais, convaincu, par la suite, de l'inefficacité de cette mesure et désireux de rendre plus utile la protection royale, il ordonna que le comte du palais, suivant l'usage des Francs, jugerait les appels des sentences des comtes et remplacerait le roi dans tous les procès, sauf ceux qui concernaient les grands dignitaires et les officiers du royaume [1].

L'Italie aussi avait son comte du sacré palais; il résidait à Pavie, capitale du royaume [2]. Dans les premiers temps, il visitait, soit par lui-même, soit par son vicaire, *vice-comes palatii*, toutes les provinces de sa juridiction [3]; plus tard, la multiplicité des affaires le força de confier cette mission aux officiers appelés *missi dominici*, *missi regii*, *missi discurrentes*, qui se rendaient annuellement dans toutes les parties du royaume. Ils étaient chargés d'examiner la conduite des officiers et des juges, de présider quatre plaids généraux dans le cours de l'année, c'est-à-dire dans les mois de janvier, d'avril, de juillet et d'octobre, dans quatre villes différentes; d'y administrer la justice avec l'assistance des comtes, des évêques, des abbés ou de leurs vicaires et d'autres personnes; d'exercer enfin leur surveillance sur tout ce qui regardait les intérêts publics, le bien-être du peuple et l'autorité du souverain. Ces fonctions étaient remplies par un laïc pour les séculiers, par un ecclésiastique pour le clergé, quelquefois par deux des uns et

---

[1] *Hincmar. archiepiscop. Remensis opera*, t. 2. Parisiis, 1645. *De ord. palatii ex Adelardo*, c. 2. — Baluz., *Capit.*, t. 1, p. 497, 872.

[2] Brunetti, t. 1, part. 2, c. 3, § 7. — Murat., Diss. 7.

[3] Murat., Diss. 7.

des autres; elles étaient confiées aux personnes appartenant à la classe la plus distinguée de l'État, et à des
gens incapables de céder aux menaces ou à la corruption. A leur retour auprès du roi, ils lui rapportaient
ce qu'ils avaient entendu, vu et exécuté par son
ordre [1].

L'établissement des Francs en Italie y introduisit,
relativement à l'administration de la justice et surtout
aux lois, d'utiles modifications encore ignorées des
Lombards, modifications dues à l'influence du clergé et
au Code Théodosien dont la réputation était très-grande
chez la majeure partie des barbares du nord qui avaient
soumis l'Europe.

Relativement à la juridiction volontaire, les formules
adoptées par les Lombards et les autres peuples de la
Germanie, continuèrent à être en usage chez les Francs.
Jusqu'à la création des notaires et des greffiers, les contrats furent stipulés dans les plaids, par les parties, en
présence du comte ou du viguier. On procédait d'abord,
dans ces assemblées, à l'audition des témoins qui devaient appartenir à la nation des parties. Ces témoins
déposaient des faits relatifs à l'accomplissement des
actes, *notitia testium*, et ensuite le juge faisait insérer
les stipulations en présence de commissaires choisis
parmi les échevins ou les *arimann* appelés par lui.
Quand les parties l'exigeaient, on leur donnait copie
de ces actes avec faculté de s'en prévaloir en justice,
præcipite fieri notitiam [2].

---

[1] Baluz., *Capit.*, t. 1, p. 374, 497, 787, 789, 790. — Murat.,
Diss. 9. — Canc., *Pip. Ital. reg. leg.*, c. 21.

[2] Canc., t. 2, p. 420, 449, 468, 478 et suiv. — *Memorie per ser-*

Les changements survenus sous Charlemagne, relativement à la justice litigieuse, furent encore plus notables. Comme du temps des Lombards, les procès étaient intentés à l'aide d'une citation, *mannitio, admallatio*. Elle pouvait être renouvelée en présence de témoins jusqu'à quatre fois par le demandeur, qui s'en prévalait, soit pour la décision du procès, soit pour participer à l'amende prononcée contre la partie non comparante. Cette amende était partagée entre le comte et le demandeur[1]. Celui-ci, après avoir, au jour fixé, attendu en vain du lever au coucher du soleil, comme je l'ai déjà dit, requérait le juge de constater l'absence du défendeur et de le condamner; il demandait, en conséquence, à être mis ou maintenu en possession de l'objet en litige, *salva querela*, c'est-à-dire en laissant à la partie adverse la faculté de recourir au pétitoire, mais avec l'injonction formelle de ne pas être troublé sans une nouvelle décision, *sine legali judicio*[2], dans la jouissance qu'il venait d'obtenir. Lorsque la citation était donnée au nom du comte, pour crime ou pour toute autre cause, si l'accusé ne se présentait pas après le quatrième avertissement, ses biens et les bénéfices dont il jouissait étaient séquestrés, et le roi, après un an révolu, statuait définitivement[3].

Quand les parties se présentaient assistées de leurs avocats, le demandeur formulait sa demande et récla-

---

vire alla storia di Lucca, t. 5, part. 2, p. 321, doc. 539. — *Sancti Agobardi opera*, t. 1, c. 4. *Liber contra opinionem putantium divini judicii veritatem igne, vel aquis*, p. 301, 329.

[1] Baluz., capit., t. 1, p. 34, 319. — Canc., t. 1, p. 152.

[2] Canc., t. 2, p. 472 et suiv.

[3] Canc., t. 1, *Carol. M. leg.*, c. 27, 77.

mait un jugement en sa faveur. Les juges ordonnaient la preuve des faits ou l'apport des titres. Lorsque les pièces étaient produites, ils invitaient le défendeur à exposer ses moyens de défense; s'il en avait à faire valoir, les pièces étaient examinées, et la sentence était ensuite prononcée; s'il n'avait rien à objecter, il perdait sa cause [1]. Lorsque le demandeur offrait de prouver le fait à l'aide de témoins, les parties prenaient l'engagement de se présenter de nouveau. Le demandeur, selon l'usage des Lombards, donnait le gage, *wadium* [2], et promettait de reparaître devant le juge; le défendeur prenait le même engagement avec la garantie de sa caution [3]. Au jour fixé, les parties se présentaient au plaid assistées de leurs témoins, *sacramentales* [4], qui devaient être de leur nation et attester sur l'Évangile la légitimité de la demande ou l'innocence de l'accusé, s'ils étaient appelés à la requête de ce dernier. Ces témoins pouvaient être plus ou moins nombreux : les Lombards en appelaient douze; les Francs avaient le droit d'en citer jusqu'à vingt-cinq, suivant la gravité du fait et l'importance de la cause [5]. Les *sacramentales*, ou garants de l'innocence de l'accusé, étaient choisis parmi les personnes les plus dignes de foi et les plus honorables de la contrée. Les juges avaient également recours, comme

---

[1] *Memorie per servire alla storia di Lucca*, t. 5, part. 2, p. 337, doc. 564, p. 386, doc. 647.

[2] Canc., t. 1, *Roth leg.*, c. 255.

[3] *Memorie per servire alla storia di Lucca*, t. 5, part. 2, p. 337, doc. 564, p. 366, doc. 647.

[4] *Ibid.*, p. 337, doc. 564, p. 123, doc. 211. — *Agob. opera*, *lib. advers. Gondebaldum*, c. 4.

[5] Canc., t. 1, p. 153, 188; t. 2, p. 259; *pact. leg. sal. antiq.*, t. 76, c. 1. — Baluz., capit., t. 1, p. 398.

de nos jours, aux témoins du fait qu'ils interrogeaient quand la preuve testimoniale était ordonnée ; mais ils n'étaient pas tenus de se conformer aux dépositions et d'admettre la demande de la partie qui avait administré la preuve[1]. Pour annuler un témoignage contraire ou une sentence défavorable, le perdant pouvait avoir recours au duel judiciaire et aux autres épreuves dont j'ai parlé plus haut.

Quand la procédure était terminée, le comte ou son représentant résumait les moyens à charge et à décharge, indiquait la loi applicable à la cause, eu égard à la nationalité des parties ; s'il s'élevait quelque difficulté sur ce point, il avait droit de la résoudre ; ensuite il recueillait les avis, opinait le dernier et prononçait publiquement la sentence, qui devait être rendue à la majorité des voix[2]. Le magistrat appelé à présider ne manquait jamais, soit avant soit après la sentence, d'exhorter l'accusé à avouer son crime, ou le perdant à se déclarer satisfait de la décision et à renoncer à toutes ses prétentions sur l'objet en litige. La sentence, *charta judicati*, était rédigée par un notaire ; elle le fut plus tard par un greffier. Le comte, le notaire et les juges, dont elle exprimait l'opinion[3], la signaient. Elle était irrévocable[4] et non sujette à appel, lorsqu'elle était rendue par un *missus dominicus*. On pouvait en appeler au comte

---

[1] *Memorie per servire alla storia di Lucca*, t. 5, part. 2, p. 123, doc. 211.

[2] *Ibid.*. p. 239, doc. 397. — Canc., t. 1, p. 465 et suiv. — Baluz., capit., t. 1, p. 320, 396.

[3] Brunetti, *Cod. Dipl.*, t. 1, p. 2, doc. 24, 26, 45. — Muratori, *Ant. ital.*, diss. 10.

[4] Baluz., capit., t. 1, p. 985, 509.

du sacré palais , si elle émanait du tribunal du comte ou du centenier [1].

Les juges siégeaient ordinairement dans des édifices publics destinés à cet usage ; quelquefois ils tenaient leurs audiences dans la demeure des particuliers, mais alors le jugement faisait mention de cette circonstance [2]. Les rois eux-mêmes assistaient souvent aux plaids, sans s'arroger le droit de juger, qui était exclusivement réservé aux magistrats [3].

Les amendes appartenaient en partie au comte et en partie aux juges du procès. Elles compensaient les frais occasionnés par la procédure [4]. Le comte était chargé de l'exécution du jugement, et, s'il s'élevait quelque obstacle à cet égard, il avait le droit, pour l'obtenir, de requérir l'assistance d'un certain nombre de personnes libres [5]. L'exécution avait toujours lieu au nom de la partie qui avait gagné son procès [6]. La présence du roi ou de son délégué spécial était nécessaire pour l'exécution des condamnations à mort ou des sentences qui regardaient les grands personnages du royaume [7]. Les accusations destituées de preuves étaient punies [8].

Les nombreuses lois promulguées par Charlemagne sur les intérêts publics et privés de ses sujets, ont rendu son règne célèbre en Italie. Elles portent le nom de Capitulaires, et 165 d'entre elles sont venues jusqu'à

---

[1] Baluz., t. 1, p. 373, 497, 606, 613, 786.

[2] Murat., diss. 31.

[3] *Ibid.*

[4] Baluz., capit., t. 1, p. 106, 259.

[5] Canc., t. 2, *Pact. leg. salic. antiq.*, tit. 48, c. 1.

[6] Canc., t. 2, *Pact. leg. salic. antiq.*, tit. 59, c. 2; tit. 54, c. 2.

[7] Canc., t. 1, *Carol. mag. leg.*, c. 43.

[8] Baluz., *Capit.*, t. 1, c. 320.

nous dans la collection des lois lombardes. Ces Capitulaires, qui ne sont pas exempts d'erreurs relativement à l'époque de leur publication, se rapportent au laps de temps écoulé entre les années **779** et **807**. Baluze[1] et après lui Pertz[2] se sont efforcés de les ranger par ordre chronologique, mais ils n'ont pas pu le faire avec toute l'exactitude que l'histoire exige.

Le premier soin de Charlemagne, après avoir mis fin à la guerre contre les Lombards, fut de promulguer les lois nécessaires au gouvernement de ses nouveaux sujets. Il songea d'abord à faire prévaloir, en Italie comme en France, l'autorité bienfaisante du clergé, et il y parvint à l'aide d'un grand nombre d'ordonnances concernant l'Église. Les principales ont rapport aux métropolitains[3], aux évêques[4], aux abbés[5], aux monastères[6], aux dîmes[7], à la justice cléricale[8], au *widrigild*[9] fixé pour les ecclésiastiques, aux immunités des églises[10], aux *missi dominici* du clergé[11], objets dont s'étaient rarement occupés les rois lombards. L'empereur voulut aussi, à cette époque, améliorer le sort de ses sujets italiens, appelés à jouir désormais d'une destinée plus heureuse. Les lois les plus mémorables concernant les laïcs sont celles relatives aux *aldions*, dont la condition était devenue

---

[1] Baluz., *Capit. Reg. franc.*, t. 1.
[2] Pertz, *Monumenta Germaniæ historica*, t. 3, *leg.*
[3] Canc., t. 1, *Carol. M. leg.*, c. 1.
[4] *Ibid.*, c. 2, 4, 6, 43, 59, 61, 63.
[5] *Ibid.*, c. 63, 99; *Pip. ital. reg. leg.*, c. 11, 16.
[6] *Ibid.*, *Carol. M. leg.*, c. 3, 57, 63, 113.
[7] *Ibid.*, c. 7, 60, 95.
[8] *Ibid.*, c. 99, 100, 102, 103, 136, 146.
[9] *Ibid.*, c. 101.
[10] *Ibid.*, c. 9, 108; *Pip. ital. reg. leg.*, c. 19.
[11] *Ibid.*, *Pip. ital. reg. leg.*, c. 21.

meilleure [1]; aux plaids [2] qu'il régla plus sagement ;
aux attributions des officiers de l'État , qui furent déterminées avec précision [3], et aux peines qui , dans certains cas, étaient corporelles [4] en même temps que
pécuniaires ; enfin , à l'*herebann* [5], c'est-à-dire à l'obligation pour tous les sujets barbares ou romains de se
rendre à l'armée. Cette obligation existait également
chez les Lombards , mais Charlemagne l'établit avec
plus de rigueur et l'appliqua à tous les sujets , ce qui
profita singulièrement aux Italiens, puisqu'ils devinrent
ainsi tout à coup les égaux des conquérants de leur
pays, et purent arriver aux honneurs , jouir des
avantages jusque-là exclusivement réservés à ces derniers. Parmi les autres lois remarquables que publia ce
souverain, on compte encore celles concernant le choix
des témoins [6], les veuves, les orphelins et les pauvres
recommandés avec une rare piété à la bienveillance des
magistrats [7]; celles qui règlent les combats judiciaires
permis, dans certains cas, en Italie et dans l'empire
carlovingien , mais sous la condition de n'avoir d'autres
armes que des bâtons [8], *cum fustibus* ; enfin celles qui

---

[1] Canc., t. 1, *Carol. M. leg.*, c. 83, 100.

[2] *Ibid.*, c. 9, 36, 49, 69, 114, 120, 140; *Pip. ital. reg. leg.*, c. 42.

[3] *Ibid.*, *Carol. M. leg.*, c. 10, 43, 16, 18, 22, 23, 32, 37, 38, 46,
48, 51, 64, 69, 70, 72, 73, 77, 94, 102, 115, 116, 118; *Pip. ital. reg.
leg.*, c. 8, 22, 30.

[4] *Ibid.*, *Carol. M. leg.*, c. 44, 68, 82, 101, 102; *Pip. ital. reg. leg.*,
c. 9.

[5] *Ibid.*, t. 1, p. 294, *Heribannum , her ban*. Castrense edictum,
quo ad exercitum homines vocantur , et inde mulcta in emansores.
Carol. M. leg., c. 23, 35, 80, 97.

[6] *Ibid.*, c. 21, 24, 50, 67, 144.

[7] *Ibid.*, c. 43, 58, 77; *Pip. ital. reg. leg.*, c. 6, 12.

[8] *Ibid.*, *Carol. M. leg.*, c. 66.

défendent de vendre les esclaves aux étrangers et prescrivent, pour cet infâme commerce toléré encore à
l'intérieur, des formalités destinées à garantir la liberté
des sujets [1]. Aux lois de Charlemagne, je dois ajouter
celles de son fils Pépin, appelé à gouverner l'Italie pendant que le premier étendait les limites de son vaste
empire. Lors de la conquête de l'Italie, Charlemagne
avait amené avec lui un grand nombre de guerriers,
Francs Saliens, Ripuaires, Bavarois, Bourguignons,
Allemands et autres appartenant aux nations germaniques, ainsi que des Romains natifs des Gaules. Ces
hommes, particulièrement les Germains, placés à la
garde des frontières dans les provinces les plus exposées,
et devenus possesseurs de grandes propriétés, soit pour
satisfaire à un usage commun chez les Barbares, soit
pour rappeler leur origine, soit enfin par attachement à
leurs coutumes nationales, demandaient à être régis par
les lois en vigueur chez les peuples auxquels chacun
d'eux appartenait. Pépin, pour les satisfaire ou par
raison d'état, ordonna que tous les sujets de l'Italie
seraient régis désormais par les codes de leurs nations,
et il donna force de loi à leurs coutumes respectives, sauf
les cas dans lesquels celles-ci se trouvaient en opposition avec les lois du royaume; il arrêta aussi que le
widrigild serait payé à l'avenir conformément aux
lois, non de la nation de l'offenseur, mais de celle de
l'offensé [2]. Cette disposition anéantit la loi 390 de l'édit
de Rotharis, sur le *waregang*, et conserva aux lois
personnelles en Italie l'autorité qu'elles avaient chez

---

[1] Canc., t. 1, c. 16, 72, 73.
[2] *Ibid.*, c. 148; *Pip. ital. reg. leg.*, c. 8, 28, 29, 35, 46.

les Barbares. Héritier de la sagesse de Charlemagne, qui avait prescrit à certains ecclésiastiques d'assister aux plaids du *missus dominicus*, Pépin réclama, pour la première fois en Italie[1], le concours et les conseils des évêques et des abbés des monastères, dans les assemblées solennelles de la nation, et son but fut sans doute d'imprimer aux actes de ces réunions le cachet de la civilisation romaine que, malgré tant de funestes vicissitudes, le clergé avait conservée, rare et mémorable vestige de la grandeur de Rome. Il éleva également au rang des codes des Barbares ceux de Théodose et de Justinien, dont le souvenir ne s'était jamais entièrement effacé de la mémoire des Italiens. Le premier de ces codes avait même été adopté solennellement par les Francs et par d'autres barbares établis au delà des Alpes ; et quelques dispositions du second s'étaient tacitement glissées, du temps de Liutprand, dans la législation des Lombards. Sous Charlemagne, l'un et l'autre furent appelés, concurremment avec les lois d'origine germanique, à régler les droits de succession[2] et les intérêts privés de la majeure partie des habitants de l'Italie. Dès cette époque, on entendit retentir dans le Forum, on put lire dans les actes légaux et dans les lois, les expressions suivantes d'origine barbare, *an lot*[3], *vassi*[4], *truste*[5], *antrustiones*[6],

---

[1] Canc., t. 1, *Pip. ital. reg. leg. prolog.*, p. 174.

[2] Baluz., t. 1, p. 354. — Canc., *Pip. ital. reg. leg.*, c. 46.

[3] Canc., t. 1. p. 293. *Alloac, an lod*, sors hæreditaria.

[4] Ducange, v° *Vassi*, familiares, qui ex regia, aut alicujus principis, familia erant.

[5] Ducange, v° *Truste*, fidem prestare.

[6] Ducange, v° *Antrustio*, idem est qui fidelis domino, vel qui ei juramento in ejus ministerio occupatus fidelitatis obligatus est.

gildonie [1], *crenecruda* [2], confondues avec les formules romaines ; expressions qui, pendant une longue suite d'années, rappelèrent aux Italiens les peuples qui les avaient fait passer dans le langage juridique de leur malheureuse patrie.

Louis le Pieux ajouta, depuis l'an 819, aux lois de Charlemagne et de Pépin [3] soixante et une autres lois. Elles renouvellent celles de ces princes, relatives à l'administration de la justice, et statuent que l'auteur d'un homicide commis sans motif ou pour une cause légère, sera tenu de payer le *widrigild* à la famille de la victime, et ensuite subira l'exil, selon le bon plaisir du roi : ainsi se trouvait réunie la peine corporelle à la peine pécuniaire ; le coupable qui n'avait pas de quoi satisfaire au *widrigild* resta soumis à la punition prescrite par le chapitre de la *chrenechruda* [4]. Louis voulut aussi que les églises fussent régies, relativement aux contrats emphytéotiques, par la loi romaine, dont il fit l'éloge et qu'il proclama la mère de toutes les lois, *quæ est omnium humanarum mater legum* [5]. Plus tard, avec le concours de son fils Lothaire, il abolit l'épreuve judiciaire de l'eau froide et de la croix [6] ; il adoucit les dispositions concernant les combats judiciaires avec le bouclier et le bâton, *cum scuto et fuste*, substitués,

---

[1] Canc., t. 1, p. 150, *Gildonie*, sodalitas, adunatio illicita, confratrias.

[2] Canc., t. 2, Lex salica reformata, tit. 61, *Chrenechruda*, de cessione bonorum : abandon de tous les biens mobiliers et immobiliers pour satisfaire au *widrigild*.

[3] Canc., t. 1, p. 182.

[4] Canc., t. 1, *Lud. Pii leg.*, c. 15.

[5] *Ibid.*, c. 55. — Baluz., t. 1, p. 1226.

[6] Canc., t. 1, *Loth. Prim. Ital. reg. leg.*, c. 55, 90.

dans certains cas, par Charlemagne, à ceux qui avaient lieu avec l'épée [1], épreuves barbares que condamna si éloquemment saint Agobard, archevêque de Lyon [2].

Lothaire Ier, appelé à gouverner, conjointement avec Louis, le royaume des Lombards, poursuivit l'œuvre de son père, en augmentant de cent six lois nouvelles le Code de ce peuple [3]. Cédant à la nécessité des temps, qui faisait revivre en Italie les anciennes coutumes et l'influence des Lombards, il ordonna que la restauration des églises, des ponts et des édifices publics, dont les hommes libres étaient chargés, serait désormais confiée aux Lombards [4]. Mais de toutes les lois de ce monarque, celle qui intéresse le plus mon sujet a été récemment publiée par Pertz [5], qui l'a extraite de deux manuscrits du Code des Lombards conservés dans la bibliothèque Chigi à Rome et dans le couvent de la Cava [6]. Elle concerne uniquement l'administration de la Corse et mérite, sous ce rapport, d'être transcrite en entier :

Anno
825.
febb. 20.
Maringo.

Edictum de expeditione [7] Corsicana.

« In nomine Domini. Incipit capitula quod domnus

---

[1] Canc., t. 1, c. 21 ; *Lud. Pii leg.*, c. 3, 18, 23.

[2] *Sancti Agobardi archiep. Lugd. opera*, t. 1, p. 107 et s., *liber adversus legem Gundebaldi.*

[3] Canc., t. 1, p. 194.

[4] Canc., t. 1, *Loth. Prim. Ital. reg leg.*, c. 20, 29, 41.

[5] *Hludowici et Hlotarii capitularia*, nunc primum edita. Pertz, *Monum. germ. hist.*, t. 1, *legum*, p. 242.

[6] *Capitula de expeditione Corsicana nonnisi in Codicibus chisiano et Cavensi inter Hlotarii leges servata sunt ; ubi suprà*, p. 241.

[7] Ces sortes d'expédition sont désignées sous le nom de *heribann* dans les lois des Francs. Il en sera question plus tard. *V. Greg.*

7

— 98 —

» *Lotharius* imperator sexto anno imperii sui, indic-
» tione tertia, instituit in curte Maringo [1].

» 1° Volumus ut singulis comitibus hac districtionem
» teneantur inter eos qui cum eis introeant [2] in Corsica,
» vel remanere debeant [3].

» 2° Ut dominici [4] vassalli qui austaldi [5] sunt et in nostro

---

Turon. hist. franc., t. 7, c. 42. Post hæc edictum a judicibus datum est, ut qui in hac expeditione tardi fuerant damnarentur. Ducange, v° *Herebannum.*

[1] On trouve le nom de cette cour (Marinco) dans une formule qui fait suite à la loi de Liutprand : Quod tu habebas ad gubernandum curtem de Marinco. Canc., t. 2, p. 469. — La cour, dit Ducange, v° *Curtis*, est villa, habitatio rustica ædificiis, colonis, servis, agris, personis ad rem agrestem reccessariis instructa.

[2] *Introierunt.* Pertz.

[3] *Debent.* Pertz.

[4] Ces vassaux étaient appelés *vassali*, *vassi dominici* ou *regii*; ils étaient les *hommes du prince*, proprii imperatoris aut principis et qui ex ejus familiâ erant, et ita tamen ex familiâ regis erant, ut fide et sacramento principi obstricti essent. Ducange, v° *Vassi.* — Ces *vassi dominici* étaient envoyés par le prince, dans les provinces, soit pour y assister le comte dans l'administration de la justice, soit pour la défense des frontières du royaume. Le souverain récompensait fréquemment les services qu'ils rendaient en leur accordant des bénéfices dont je parlerai plus loin. Ce fait est attesté par un capitulaire de Charlemagne, de l'année 779, lequel est ainsi conçu : « Similiter et vassi nostri, si hoc non adimpleverint, beneficium et honorem perdant; » et par le passage suivant du capitulaire 73 du 3° livre : « De vassis dominicis qui adhuc intra casam serviunt, et tamen beneficia habere noscuntur, statutum est ut quicumque ex eis cum domino imperatore domi remanserit, vassalos suos casatos secum non retineat, sed cum comite cujus pagenses sunt ire permittat.» Baluz., t. 1, p. 197 et 768.—Les *vassi dominici*, possesseurs de bénéfices en Corse, s'appelaient *austaldi* et quelquefois *gastaldi*. Ducange leur donne le nom de *villæ procurator*, *præfectus*, v° *Castaldius.*

[5] *Castaldi.* Pertz.

» placito frequenter serviunt, volumus ut remaneant
» eorum homines quos antea habuerunt, qui propter
» hanc occasionem eis se commendaverunt [1] cum eo. Qui
» autem in eorum proprietate manent, volumus scire
» qui sint, et adhuc considerare volumus, quis eant
» aut quis remaneant. Illi vero qui beneficia nostra
» habent et foris manent volumus ut eant.

» 3° Homines vero [2] episcoporum seu abbatum, et qui
» foris manent, volumus ut cum comitibus eorum va-
» dant, exceptis duobus quos ipse elegerit et eorum
» austaldi liberos, exceptis quatuor, volumus et pleni-
» ter dirigantur.

» 4° Ceteris vero liberis hominibus quos vocant bhari-
» gildi [3], volumus ut singuli comites hunc modum te-
» neant : videlicet ut qui tantum substantiæ facultatem
» habent qui per se ire possit, et ad hoc sanitas et
» viris utiles adprobaverit, vadant; illi vero qui sub-

---

[1] *Commendarent*. Pertz. C'est-à-dire soumis au vasselage. On les
appelait *commendati*, id est, vassali domino fidelitate ac hominio
astricti. Ducange, v° *Commendatus*.

[2] Ces hommes des évêques et des abbés étaient sous la protection
ou le *mundeburd* des églises ou des monastères déclarés *immunes*.
Ils étaient désignés par des dénominations diverses, comme il est dit
ci-après. A cette classe *d'hommes* appartenaient les *austauldi* de la
Corse, mentionnés dans l'édit de Lothaire.

[3] Ducange et les bénédictins se sont trompés relativement à la
signification du mot *Barigildi* et aux attributions de ces officiers.
Voici ce que dit, à ce sujet, Adelung, dans son glossaire : « Barigildi itaque dicuntur subditi regni Francici; vox *gildi* a neces-
sitate præstandi subditum denotat, vox *bari* liberum subditum non
conditionis servilis; sed qui in mallo comitis personam standi
habuit. « Schilterius in gloss., v° *Bar*. Barigildos vertit Francos homines, liberos, homines gentis Francicæ Adelung. gloss. manuale,
v° *Barigildi*, t. 1. Halæ, 1772.

» stantiam habent et tamen ipsi ire non valent , adiuvet
» valentem et minus habentem.

» Secundum vero ordinis liberis , quis pro paupertate
» sua per se ire non possunt et tamen ex parte possunt,
» coniungantur duo vel tres , aut quatuor. Alii vero si
» necesse fuerit quod iusta consideratione committit ,
» eunti adiutorium faciant quomodo ire possit ; et in
» hunc modum ordo iste servetur, usque ad alios qui
» pro nimia paupertate neque ipsi ire valent neque adiu-
» torium cuncti prestare, a comitibus eorum habeatur
» excusatus post antiqua consuetudo eis, fidelium co-
» mitibus observanda [1]. »

Il résulte évidemment de cet édit qu'en 825 , sous le
règne de Lothaire Ier, les districts de la Corse étaient,
comme ceux des autres provinces d'Italie, gouvernés par
des comtes ; que, parmi les *gastaldi* ou *austaldi* ,
plusieurs réunissaient à leur charge fiscale des fonctions
relatives à l'administration de la justice ; et enfin qu'il
existait, en Corse et hors de l'île, quelques possesseurs de
bénéfices ecclésiastiques ou séculiers. Quant aux *barigildi*, obligés de se rendre en Corse pour assister les juges
dans les plaids, ils étaient tenus de se soumettre aux ordonnances du prince : ainsi les hommes valides, en état
de subvenir aux frais de route et d'entretien, devaient y
aller personnellement ; les impotents, jouissant d'une
certaine aisance, devaient venir au secours des *barigildi* valides, mais dépourvus de ressources ; les hommes
libres, pauvres ou privés de moyens suffisants pour en-

---

[1] Cet édit, destiné à régler les obligations qu'avaient à remplir
les personnes appelées à se rendre en Corse par ordre du souverain,
diffère peu de l'*heribann* prescrit par les lois de Charlemagne.
Baluz., capit., t. 1, p. 457 et 489.

treprendre le voyage, devaient pour le faire se réunir au nombre de deux, de trois ou de quatre ; les autres sujets devaient aider de leur bourse les hommes bien portants, mais sans fortune. A l'égard des pauvres non valides, impuissants à fournir des secours à qui que ce soit, ils étaient. à ce sujet, exemptés de toute charge, moyennant une dispense délivrée par le comte, conformément à la coutume. Cet *heribann* lève les doutes qui, jusqu'à ce jour, ont enveloppé comme d'épaisses ténèbres l'histoire du gouvernement de la Corse pendant le VIIIe siècle. Mon histoire contiendra sur ce point de plus longs détails. Il suffit ici de faire remarquer qu'à cette époque, la Corse était gouvernée par les Francs comme les autres provinces du royaume d'Italie, et que les officiers judiciaires de ce pays remplissaient les mêmes fonctions que ceux du continent italien.

Soixante lois environ de Louís II, quelques ordonnances de l'empereur Gui, destinées à continuer autant que possible l'œuvre des monarques francs, sont les seuls monuments que, pour ce long espace de temps, l'histoire nous ait transmis relativement à la législation italienne. Sous ces princes, les lois et les coutumes des Lombards, conservées par le gouvernement, adoptées par les peuples, réglèrent comme par le passé la vie civile des sujets et plus particulièrement la marche de la justice. Grâce à celle-ci, on ne vit tomber en désuétude ni la *wadia*, ni les douze *sacramentales*, ni les autres formalités lombardes, qui, suivant les documents arrivés jusqu'à nous [1], ne cessèrent d'être en vigueur, même dans les temps postérieurs.

---

[1] Brunetti, *Cod. diplom.*, t. 1, p. 2. Documenti. — *Memorie per servire alla storia di Lucca*, t. 5. p. - Documenti 564. 698. - 4 - 774.

Les Francs réglèrent en Italie, avec plus de précision, les attributions des divers officiers, ainsi qu'il a été dit plus haut. Ce pays leur fut encore redevable de plusieurs autres améliorations, parmi lesquelles on peut compter la puissance donnée au clergé, l'autorité plus grande conférée aux lois romaines, la création des premiers établissements d'instruction publique[1], l'affranchissement des esclaves par l'entremise des ecclésiastiques, et l'égalité des droits accordés aux hommes libres de toutes les nations soumises à leur empire, grâce aux dispositions de l'*heribann*. Toutefois, quelques-unes des innovations introduites par les Francs eurent, dans la suite, des effets nuisibles: telles furent les concessions de bénéfices en faveur du clergé ou des laïcs. Les rois prodiguèrent aux ecclésiastiques ces concessions par piété ou parce que, arbitres de la nomination des bénéficiaires, ils rendaient ainsi l'indépendance de ces derniers moins absolue. Ils les multipliaient en faveur des laïcs, soit pour les dédommager des sacrifices auxquels les entraînaient leurs fonctions civiles ou militaires, soit pour les récompenser de leur dévouement. Ces concessions firent naître la féodalité et ses déplorables abus : à l'époque dont je parle, elles créèrent un ordre de personnes unies les unes aux autres par des liens de fidélité qui rendirent les vassaux plus dépendants du seigneur que du prince; elles affranchirent

---

831, 930, 981. — Muratori, *Ant. ital.*, *dissert.* 77, p. 467. *Charta permutationis bonorum inter Allonem ducem Lucensem, anno 782. Dissert.* 10, p. 96, *Judicatum Rodigini episcopi, anno 840. Dissert.* t. 9, p. 290. *Placitum Pisis habitum, anno 848, excerpta archivii Pisani.*

[1] *Canc.*, t. 1, *Loth. Prim. ital. reg. leg. additamenta*, c. 6, *de doctrinâ*.

presque entièrement du pouvoir royal les possesseurs
de ces bénéfices ; plus tard, le clergé et les laïcs, devenus redoutables par leur fortune territoriale, leurs
vassaux, leur autorité, leurs adhérents, portèrent atteinte à la puissance souveraine, l'affaiblirent insensiblement et la réduisirent à la discrétion de ceux qui,
usurpant ses droits, forts de son impuissance, désobéirent, menacèrent et prirent enfin les armes contre les
successeurs de ces rois dont l'imprudence leur avait abandonné les droits et les richesses de la couronne.

Les concessions appelées d'abord bénéfices, puis immunités, *immunitas, emunitas,* étaient de deux espèces,
ecclésiastiques et séculières ; les premières différaient,
sous les rois carlovingiens, de celles qu'on trouve mentionnées soit dans les lois romaines, soit dans les documents relatifs à la domination grecque ou italienne, et
des donations faites aux laïcs par les Lombards [1]. Elles
furent accordées avec profusion au clergé par les rois
francs de la première dynastie [2]. Les Carlovingiens, marchant à cet égard sur les traces de leurs prédécesseurs,
transformèrent ces bénéfices en concessions auxquelles
plus tard on donna le nom de *fiefs* lorsqu'elles eurent
lieu en faveur de laïcs. Après la conquête d'Italie,
Charlemagne partagea entre le clergé et ses soldats les
terres confisquées lors de la chute des rois lombards
et de la fuite de leurs sujets restés fidèles.

Le bénéfice déclaré *immunis* par le prince était soustrait à la juridiction du comte et des autres officiers, excepté dans les causes criminelles importantes [3]. D'autres

---

[1] Murat., *Ant. ital., diss.* 11. — Ducange, v° *Beneficium.*

[2] *Gregorius Turon.,* Hist. Franc., t. 6, § 46

[3] Canc., t. 2 ; *Marculfi form.,* t. 1, c. 3; *Caroc. Mag..eg.,* c.
102. — Baluz., t. 1, p. 331.

avantages se joignaient à ce premier privilége : les propriétés appartenant aux églises et aux monastères,
après avoir été déclarées *immunes*, donnaient à un seigneur le droit de battre monnaie, d'établir des marchés,
d'élever des fortifications, d'imposer des tributs aux
vassaux, de jouir exclusivement de la pêche des ri-
vières et d'être exempt des droits de douane et des
charges qui pesaient sur les sujets du prince [1]. Les monastères acquéraient, en outre, le privilége de ne plus
dépendre, pour ces bénéfices, de l'autorité temporelle des
évêques, mais de passer sous celle des papes, qui plus
tard s'arrogèrent le droit de disposer à leur gré de ces
possessions ecclésiastiques [2]. Le bénéficier était tenu de
servir son seigneur dans les guerres, dans les cours de
justice ou plaids et dans les assemblées convoquées par
lui, *in campo aut in curte* [3]. Comme les clercs ne pouvaient personnellement obéir à l'*heribann* et prendre les
armes, ils envoyaient à l'armée leurs soldats sous la
conduite du *vice-dominus* ou du *gastaldus*, attachés
à l'église ou au monastère. Un *avocat* remplissait les
fonctions de comte pour les bénéfices ecclésiastiques [4];
cet officier était élu en présence du *missus regius* ou du
comte. Il devait être laïc, libre, de bonne réputation,
habile dans la science des lois, en état de prêter serment

---

[1] Hist. du Languedoc, t. 1, dipl. 39, an 816. Appeud., Preuves,
dipl. 69, an 845, et dipl. 71, an 848. — Winspeare, *Storia degli
abusi feodali*, p. 267.

[2] Hist. du Languedoc, t. 12, Preuves, diplom. 15, p. 29, an 896.
Baluz., capit., t. 2, l. 6, c. 139.

[3] Baluz., capit., t. 1, p. 457, 489. — Hincmari, *de ord. palat. ex
Adelardo*, c. 29 et 35. — *Annales Bertiniani*, ans 830 et 831, D.
Bouquet, t. 6, p. 193.

[4] Baluz., capit., t. 4, p. 355, 630

pour l'église ou pour le monastère, de les représenter en justice et de prendre la défense des vassaux dans les causes réservées à la juridiction du comte[1]. Les bénéfices peu considérables n'avaient qu'un avocat ; dans les autres, c'est-à-dire dans les plus importants, cette charge était confiée à un officier appelé *vice-dominus*[2] ; les conditions d'élection et les obligations étaient les mêmes pour tous. Ces immunités produisirent en Italie des changements nouveaux et importants : divers hommes libres, possesseurs de biens allodiaux, augmentèrent le nombre des vassaux ecclésiastiques, soit qu'ils eussent le désir de vivre à l'ombre d'une puissante protection, soit que la douceur de la domination du clergé les séduisît, soit qu'ils fussent vaincus par les instances de quelques prêtres avides de richesses[3], soit qu'ils cherchassent à s'affranchir des charges de l'*heribann*[4], qui étaient rarement imposées aux vassaux du clergé, soit enfin qu'ils voulussent participer aux avantages du précaire[5], c'est-à-dire à la jouissance des biens recommandés, *commendati*[6], aux églises et rendus à leur véritable propriétaires, mais avec des biens appartenant à l'Église. Ils créèrent ainsi pour le clergé un pouvoir temporel dont les effets occupent, durant les siècles suivants, une si large place dans l'histoire de

---

[1] Baluz., d. 259, 352, 393, 601. — Canc., t. 1, *Pip. ital. reg. leg.*, c. 7 ; *Carol. Mag.*, c. 99.

[2] Baluz., capit., t. 1, p. 387 et 657.

[3] *Ibid.*, p. 480. — Canc., t. 2, p. 447. Formul. Goldast. *Date et dabitur vobis, date elemosinam et omnia munda sunt vobis.*

[4] Canc., t. 1, *Loth. ital. reg. leg.*, c. 22, 29.

[5] Ducange, v° *Precaria*. — Conc., t. 2, *lex alam.*, tit. 1, c. 2 ; *lex Bajuvariorum*, tit. 1.

[6] Ducange, v° *Commendati*.

l'Europe. Ces vassaux étaient plus ou moins liés envers leur seigneur et obligés de lui obéir, suivant les actes et les conditions de leur soumission, dont les règles ne se trouvaient pas encore dans les lois. On comptait au nombre de ces vassaux les *commendati* ou *taillables*, c'est-à-dire ceux qui, pour être défendus, s'étaient engagés à un service ou à une prestation quelconque; les *oblati* ou *donati*[1], c'est-à-dire ceux qui s'étaient donnés à la charge d'être nourris; les *mains-mortes*[2] ou les *vendus*, c'est-à-dire ceux qui ayant concédé à leur seigneur des droits presque absolus sur leurs personnes et sur leurs biens, s'étaient placés dans un état intermédiaire entre la liberté et l'esclavage. Il était interdit de faire passer les bénéfices ecclésiastiques au pouvoir des laïcs.

Les bénéfices séculiers furent accordés, en Italie, par les Carlovingiens, aux *antrustiones* ou *leudi*, aux *vassi*, aux *gasindii*[3], qui accompagnaient les rois en cas de guerre, étaient leurs commensaux dans les demeures royales et composaient leur cortége dans les assemblées solennelles. Satisfaits d'abord de leur part des dépouilles enlevées à l'ennemi, ces hommes appelés à former la suite du roi, demandèrent plus tard, en se fixant dans les provinces conquises de l'ancien empire romain, à jouir, eux aussi, d'une partie des terres confisquées au détriment des vaincus, et à obtenir ainsi un ample dédommagement aux sacrifices que leur avaient occasionnés les expéditions lointaines et oné-

---

[1] Ducange, v° *Oblati.*

[2] *Ibid.*, V. *Manus mortua, homines manús mortuæ.*

[3] *Ibid.*, *V.* Gasindii. — Canc., t. 1, p. 294, *Gasindium, gasinde,* familia, inde *gasindii,* domestici regis.

reuses prescrites par *l'heribann*. Sources de priviléges
et par la suite d'abus, ces *immunités*, nommées bénéfices sous les rois de la première dynastie, accordées
en France par ces princes, et plus tard, en Italie, par
les Carlovingiens, prirent, dans ce dernier pays, vers
le XIe siècle, le nom de *fiefs*, qu'ils conservèrent
jusqu'à nos jours, avec la jouissance plus ou moins
paisible des avantages qui y étaient attachés [1]. La
dénomination de *fief* dérive, selon les uns, des mots
germains *fehe*, récompense, et *odc*, possession ; selon
les autres, du latin *fides*, foi, expression qui indiqua plus tard la concession pour laquelle la fidélité
du bénéficiaire était solennellement engagée envers son
bienfaiteur [2]. Ces immunités, ai-je dit, étaient accordées aux officiers, pour les fonctions qu'ils remplissaient [3], aux militaires, pour les services rendus en
temps de guerre [4], aux vassaux et autres familiers du
roi, à titre de faveur ou de récompense [5]. Celles accordées aux premiers étaient presque toujours temporaires ; celles dont jouissaient les autres étaient à vie ;
après le règne de Charlemagne, elles furent toutes con-
cédées à perpétuité et même avec la faculté de les
transmettre par succession [6]. Charlemagne ayant donné,
en Italie, à ceux de sa suite de vastes propriétés prises

---

[1] Sclopis, *Storia della legislazione italiana*, t. 1, p. 69.

[2] Sclopis, *ubi suprà*, p. 75.

[3] Baluz., capit., t. 1, p. 860.

[4] *Ibid.*, p. 457.

[5] *Ibid.*, p. 904.

[6] *Gregorius Turon.*, Hist. Franc., l. 8, c. 26. — Ducange, v° *Beneficium*. — Baluz., t. 2, p. 41, 263, 264, 269. — Theganus, *de
gestis Ludovici Pii*, c. 19. D. Bouquet, t. 6, p. 78.

aux ennemis de son autorité [1], il arriva que les possesseurs des bénéfices eurent, comme on le voyait en France, l'ambition de concéder à leur tour une portion de ces propriétés à des sous-bénéficiaires, qui se soumettaient à eux aux conditions que leur avaient imposées les rois.

Celui qui accordait le bénéfice était appelé relativement au bénéficiaire *senor, senhior, seigneur*, mot qui remonte au IVe siècle de notre ère [2]. Le bénéficiaire, relativement au seigneur, était désigné, en Lombardie, sous le nom de *capitaneus regis* [3], et, chez les peuples d'origine germanique, sous celui de *bassus, vassus, vassallus* [4], expressions depuis longtemps en usage chez eux à l'égard des serviteurs, des familiers et des autres personnes logées dans les demeures soit du prince, soit des grands personnages de l'État. Le roi était le souverain seigneur de tous les grands bénéficiaires appelés *vassi* ou *vassali*. Les sous-bénéficiaires, mentionnés plus haut, portèrent d'abord le nom de *juniores* [5], puis celui de *val-vassi, val-vassores* ou *vassi vassorum* [6]. Les bénéficiers de ces derniers, c'est-à-dire ceux du troisième degré, étaient nommés *val-vassini* [7]. Le nom de *miles* était commun à tous ces bénéficiers ecclésiastiques ou laïcs, et c'est dans ce dernier

---

[1] *Annales Francorum*, anno 776. D. Bouquet, t. 5, p. 39. *Disposuit eas omnes per Francos.*

[2] *Cod. Theod.*, l. 13, t. 10, *leg. 2, de censu.*

[3] *Corpus juris, consuetud. feudales*, l. 1, tit. 1.

[4] Ducange, v° *Vassus.*

[5] Canc., t. 1, *Carol. Mag. leg.*, c. 121, 153; *Pip ital. reg. leg.*, c. 17.

[6] Ducange, v° *Vavassores.*

[7] Ducange, v° *Valvasini.*

sens que les auteurs du siècle dont nous parlons em-
ploient ce mot, par opposition avec ceux de *populus* ou
de *cives* réservés aux personnes non soumises au vasselage[1]. Ce qui avait eu lieu en faveur de l'Église arriva
également, sous les rois Carlovingiens, au profit des
bénéficiers laïcs : le nombre des vassaux de ces derniers s'était beaucoup accru en Italie, et quoiqu'il n'y
fût pas aussi considérable qu'en France, l'autorité royale
n'en perdit pas moins, sur une grande partie de la population, le pouvoir judiciaire que jusqu'alors elle avait
exercé. La cause principale de ces changements doit, à
mon avis, être attribuée à la cupidité des comtes et des
autres officiers royaux, à l'abus qu'ils faisaient de leur
autorité, aux charges onéreuses imposées aux propriétaires libres[2], au besoin qu'éprouvaient les faibles d'avoir
le secours et la protection des puissants, ainsi qu'à d'autres causes indiquées avec plus de détails par les historiens de la domination féodale.

On donnait à ces vassaux, comme à ceux du clergé,
le nom de *commendati* et de *mains-mortes;* le degré de
leur dépendance correspondait aux conditions des conventions qu'ils avaient contractées. Il résulta de cette
dépendance de déplorables effets. En Italie, et surtout
dans les autres provinces de l'empire carlovingien, il
se forma un ordre de possesseurs unis les uns aux autres, comme je l'ai dit, par un lien commun, sous le nom
de fidélité, qui consistait, pour les vassaux, en un
hommage prêté au seigneur et non au chef suprême de
l'empire; il permettait aux grands bénéficiers de gou-

---

[1] Ducange, v° *Miles, Milites.* — Muratori, *Ant.* diss. 11.

[2] Canciani, t. 1, *Carol. Mag. leg.*, c. 121, 128; *Ludov. II, Ant.
reg. leg.*, c. 32, additam. 2, p. 220.

verner à leur gré la majeure partie des sujets du royaume, et divisait dans l'État l'autorité souveraine en mille branches destinées à rendre encore plus funeste au peuple le règne de la féodalité. J'ai déjà parlé des droits et des devoirs inhérents aux bénéfices; je me bornerai à ajouter que le clergé envoyait à l'armée le contingent des hommes qu'il devait fournir, tandis que les laïcs étaient tenus de s'y rendre personnellement, d'escorter le seigneur *in curte aut in campo*, ou de se racheter de cette charge moyennant une certaine somme d'argent appelée *cabalcata* ou *cavalcata* [1].

Charlemagne ordonna de prêter au seigneur, pour les bénéfices, un hommage solennel [2], à l'aide de certaines formules particulières; plus tard, celles-ci constatèrent si la féodalité était *lige*, c'est-à-dire absolue, uniquement due au prince. Dans ce cas, elle était appelée *fio* en italien, et regardée comme supérieure à tous les autres liens qui rattachaient le feudataire à son seigneur [3].

Il n'entre pas dans mon plan de faire connaître les vicissitudes de la féodalité, mais il me paraît nécessaire de rappeler qu'après la mort de Charles le Gros et les divisions sanglantes survenues entre les marquis d'Italie pour la couronne de ce royaume, les grands et les petits feudataires obtinrent, soit l'accroissement du pouvoir que devaient nécessairement leur faire acquérir les populations plus nombreuses qui étaient venues se placer sous leur protection, soit l'indépendance qu'ils s'étaient efforcés de conquérir avec tant de persévérance pendant

---

[1] Ducange, v° *Cabalcata*, *Cavalcata*.

[2] Canc., t. 1, p. 185. Capit. *reg. franc.*, c. 8.

[3] Ducange, v° *Hominium*, *ligius*. — Corpus juris, *Feudorum consuetudines*, l. 2, tit. 5, 6, 7.

une longue suite d'années. Les grands officiers de l'État et ceux mêmes d'un rang inférieur, excités par les mauvais exemples, favorisés dans l'exécution de leurs desseins par les malheurs des temps, transformèrent en bénéfices particuliers les charges dont le prince les avait revêtus, et, grâce à la faiblesse et aux discordes des souverains, furent investis de l'autorité et du titre de comte qu'ils conservèrent dans les districts mêmes où naguère ils exerçaient le pouvoir au nom du prince.

Le règne des Othons suivit ces temps désastreux : aux guerres des marquis contre la royauté succédèrent celles du clergé contre ces redoutables feudataires, le clergé, vainqueur de ceux-ci, vit les hommes libres se soulever contre le pouvoir des évêques. Enfin Conrad Ier monta sur le trône, et, en 1037, sanctionna le régime féodal tel que le temps et les révolutions l'avaient établi.

Conrad, pour régler les usages existants, divisa en trois degrés la juridiction féodale[1] : 1° celle de l'empereur, comme chef suprême de l'État, des capitaines du royaume et des vavasseurs du roi ; 2° celle des *pairs* ou des vassaux égaux de rang avec ceux contre lesquels ils plaidaient ; 3° celle du juge ordinaire auquel était dévolue la connaissance de tous les procès criminels et des causes civiles relatives aux dommages de toute espèce, sous la réserve du droit accordé à la partie qui se croyait lésée d'appeler du jugement au tribunal supérieur[2]. On doit également rapporter à cette époque les distinctions sans nombre données par les légistes aux différentes espèces de fiefs ; il nous suffira d'indiquer

---

[1] *Canc.*, t. 1, p. 236.

[2] *Corp. jur. feud. consent.*, t. 1, c. 18.

celles de *fiefs purs* ou *conditionnels, personnels* ou *héré-ditaires, temporaires* ou *perpétuels, masculins* ou *féminins, patrimoniaux* ou *acquis, divisibles* ou *indivisibles, liges* ou *non liges, corporels* ou *incorporels, anciens* ou *nouveaux*; celles de *fiefs de guardia, de gastaldia, de advocativa, de camera* [1], et autres qu'il est inutile de rappeler. Mais la distinction qu'il importe de signaler est celle qui existait entre les fiefs dits de droit lombard, *jure Longobardorum* [2], et ceux appelés de droit franc, *jure Francorum*. Ces derniers passaient en entier à l'aîné des enfants mâles du seigneur; les autres étaient partagés par portions égales entre tous les enfants du sexe masculin. Ce mode de succession fut généralement adopté en Italie et particulièrement en Corse, où, comme je l'ai fait observer, le nombre et par conséquent la pauvreté des feudataires s'accrut considérablement.

La justice criminelle et civile, ou la haute et basse justice sans appel, *merum et mixtum imperium*, était l'apanage exclusif des grands fiefs [3].

Les lois auxquelles obéirent les Italiens et les Corses, durant cette époque, étaient, indépendamment des lois romaines, celles des Lombards, des Carlovingiens [4], de Gui, d'Othon II [5], d'Othon III [6], de Henri I [7], de Conrad I [8],

---

[1] Sclopis, *Storia della legislaz. ital.*, t. 1, p. 85, 86. — *Corp. jur. feud. consuet.*, l. 1, t. 2, 58; l. 4, t. 81, 91, 99, 104. — Ducange, v° *Feudum*.

[2] Canc., t. 1, p. 345. *Constitutiones regni siculi*, tit. 17, *de jure Francorum in judiciis sublato*.

[3] Ducange, v° *Imperium, merum et mixtum imperium*.

[4] Canc., t. 1, p. 224.

[5] *Ibid*, p. 228.

[6] *Ibid.*, p. 233.

[7] *Ibid.*, p. 234.

[8] *Ibid.*, p. 236.

de Henri II[1] et de Lothaire II[2], lois qui, dès le douzième siècle, furent classées par ordre de matière et formèrent la collection connue sous le nom de *Lombarda*, code célèbre pendant le moyen âge, dont les dispositions furent appliquées à toutes les causes portées devant les divers tribunaux de l'Italie.

La procédure civile et criminelle subit peu de changements, en ce qui concerne l'instruction des procès et les formalités judiciaires; mais le système féodal introduisit en Italie, et même dans toute l'Europe, des innovations déplorables, en substituant des seigneurs de tout rang aux officiers royaux, des cours de justice aux plaids généraux et particuliers, des juges nommés par le seigneur, et par conséquent placés sous sa dépendance, aux échevins, aux *barigildi*, élus par le peuple et investis de la confiance publique; en admettant quelquefois des témoins du fait au lieu des anciens *sacramentales*; en adoptant enfin divers autres changements non moins remarquables qui portèrent une grave atteinte à la liberté des peuples, liberté que, dans les temps antérieurs, la publicité et les formalités régulières de la procédure suivie par les barbares avaient conservée dans toute l'Italie.

A cette époque, l'état de la Corse était peu différent de celui du continent italien. Les marquis de Lunigiana, de la famille des Malespina, issus du comte Boniface et du marquis Adalbert[3], Bavarois de nation, mais soumis à la loi des Lombards[4], qui étaient chargés, de-

---

[1] Ducange, p. 237.
[2] *Ibid.*, p. 238.
[3] Muratori, *Antichità Estensi*, parte 1, cap. 22, p. 207.
[4] *Ibid.*, c. 23. p. 220, 221.

puis le règne de Charlemagne, de l'administration de cette île, finirent par y exercer un pouvoir presque absolu. Sous le règne de Henri II , la Corse était divisée en fiefs grands et petits, ecclésiastiques et séculiers ; elle obéissait aux marquis de Massa, qui, de temps à autre, se rendaient sur ses rivages ou qui faisaient dans l'île un long séjour, pour y exercer les fonctions de la souveraine puissance [1]. Ils nommaient les juges des différents districts, et on appelait à leur tribunal des sentences rendues par ces magistrats et par les petits feudataires. Le marquis, son vicaire ou son *missus* [2], qui présidait le tribunal appelé Cour de justice, jugeait les causes importantes agitées entre les laïques ou entre ceux-ci et les membres du clergé. Outre le marquis, son vicaire ou son *missus*, la cour était composée de juges ou d'un certain nombre de personnes, désignées sous le nom de *boni homines* dans les documents de cette époque, parmi lesquelles quelques-unes étaient, à ce qu'il paraît, chargées de signer les sentences rendues [3].

Les juges, *judices*, avaient remplacé les *sacramentales*, les *scabini*, les *barigildi*, et ce changement avait amené celui relatif à la procédure judiciaire dont il a été question ci-dessus.

Le marquis, son vicaire ou son *missus*, rendait la justice dans les cours et châteaux à ce destinés ou dans des lieux commodes pour les juges et pour les plaideurs. Un plaid fut tenu, en 1034, dans un endroit appelé *Marcorio*, un autre, en 1145, sur le territoire d'*Aqua-*

---

[1] Muratori, *Antiq. ital.*, diss. 32. Documents relatifs à la Corse.

[2] *Memorie per servire alla storia di Lucca*, t. 5, part. 3, p. 30.

[3] *Placitum* de 1034. Muratori, diss. 32. Docum. *Querimonia Julii abbatis insulæ Montis Christi.*

frigida. Dans l'un et dans l'autre, la sentence fut signée par diverses personnes qui y avaient pris part [1].

Après la juridiction du marquis et celle des juges par lui nommés, il faut mentionner celle des grands feudataires. Ces derniers, grâce à la décadence toujours croissante de l'autorité des marquis, étaient parvenus à conquérir, dans la seconde moitié du dixième siècle, l'indépendance dont jouissaient les grands feudataires de l'Italie [2]. En Corse, la juridiction, dans les grands fiefs, s'exerçait avec le *merum et mixtum imperium* [3], c'est-à-dire d'une manière presque absolue et tout à fait indépendante du pouvoir royal. Mais ces fiefs s'étant subdivisés, par suite d'un droit de succession appelé *jure Longobardorum*, il devint nécessaire de pourvoir à la bonne administration de la justice, à l'aide de règlements obligatoires pour tous les seigneurs du même fief. Ces règlements, conservés presque sans changements jusqu'à la fin du seizième siècle, renfermaient en général les dispositions que je vais analyser.

Les procès entre les vassaux du même fief étaient portés au tribunal du seigneur et jugés sommairement; les sentences étaient sans appel [4].

Si les parties dépendaient de différents fiefs ayant une même origine, le demandeur pouvait appeler, n'importe pour quelle somme, à un tribunal composé de tous les seigneurs du fief, moins celui qui avait rendu la sentence. Ce tribunal avait droit d'annuler, de con-

---

[1] Muratori, *loco citato*. — Documents inédits que je publierai dans mon Histoire de la Corse.

[2] Filippini. *Storia di Corsica*. t. 3, append. p. 107.

[3] *Ibid.*, p. 106.

[4] *Ibid.*, p. 109.

firmer ou de réformer le premier jugement ; le sien était
en dernier ressort [1]. Chaque seigneur avait une voix :
en cas de partage, le greffier devait connaître de l'affaire
et formait la majorité [2].

Les causes entre des habitants libres et des vassaux
étaient portées au tribunal du seigneur, si le défendeur
était un de ses vassaux ; à celui du juge, s'il était citoyen
libre [3]. Dans les procès criminels, le seigneur jugeait
sans appel, et pouvait prononcer la peine de mort,
lorsque l'accusé était son vassal ; mais, dans le cas où
l'accusé et celui contre la personne et les biens duquel
le délit avait été commis, dépendaient de fiefs différents,
la sentence était rendue par un tribunal composé de
leurs seigneurs respectifs [4].

Les actes de curatelle des biens des défunts, des absents ou des mineurs, devaient être passés par le greffier, avec l'assentiment de tous les seigneurs du même
fief. Celui auquel la curatelle était confiée devait en
être investi en présence desdits seigneurs. Les procès
résultant de ces actes étaient, comme les autres, jugés
sans appel par le seigneur du fief dont le défunt, le
mineur ou l'absent était le vassal. Si le demandeur et le
défendeur étaient de deux fiefs différents, celui qui ne
dépendait pas du juge par lequel avait été rendue la
sentence, pouvait en appeler au tribunal des différents
seigneurs, comme dans les autres causes [5].

La justice se rendait dans un des châteaux du fief, où

---

[1] Filippini, p. 110.

[2] *Ibid.*, p. 111.

[3] *Ibid.*, p. 37.

[4] *Ibid.*, p. 111.

[5] *Ibid.*, p. 112.

les seigneurs étaient tenus de se réunir deux fois par mois, c'est-à-dire de quinzaine en quinzaine ; les absents non excusés étaient soumis à une peine pécuniaire [1].

Les lois en vertu desquelles on jugeait les procès étaient d'abord celles anciennement suivies en Italie, notamment la *Lombarda*, ainsi que les ordonnances relatives à l'investiture, à la jouissance et à la succession des possessions féodales [2]. Mais, plus tard, quand la puissance des marquis commença à décliner en Corse, les feudataires tirèrent de la *Lombarda* et des anciennes coutumes de cette île, des statuts ou *capitoli* qui, pendant longtemps, réglèrent les intérêts privés de leurs vassaux [3].

Sous la domination des marquis en Corse, le clergé avait aussi, avec plus ou moins de succès, fait passer entre ses mains l'autorité qui était jadis exercée par le prince et les grands feudataires. Il faut, suivant moi, attribuer à cette usurpation la résolution prise par les Corses d'appeler, en 1077, au gouvernement de l'île, l'incomparable défenseur des droits de la papauté, Grégoire VII, qui, dans la même année, y avait envoyé son légat Landolfe, évêque de Pise, pour s'assurer des dispositions de la population envers le siége pontifical [4].

Il est inutile de rappeler les événements auxquels cette nouvelle occupation donna naissance. La Corse, à cette époque, n'avait pas, comme le reste de l'Italie, proclamé dans ses statuts les libertés municipales, et la

---

[1] Filippini, p. 113.

[2] *Corpus juris. Feudorum consuetudines.*

[3] Muratori, *Ant. ital.*, diss. 22.

[4] *Acta conciliorum, Parisiis*, 1714, t. 6, p. 1. — *Gregorii VII, epist.*, l. 5, ep. 1 et 4.

majeure partie de la population de cette île obéissait encore aux nombreux feudataires qui la gouvernaient depuis une longue suite d'années.

Le pape, devenu maître de la Corse, en confia l'administration à un gouverneur décennal remplissant les fonctions des anciens marquis; mais il paraît que ce délégué fut impuissant à comprimer les désordres qui troublaient la paix de toutes les provinces [1].

En 1091, l'Église et la république de Pise furent investies par le Pape du gouvernement de la Corse, si le diplôme qui relate ce fait n'est pas apocryphe [2], comme on le suppose. Les Pisans envoyèrent dans l'île un gouverneur biennal revêtu de tous les pouvoirs. Les anciennes chroniques rapportent que les premiers gouverneurs s'étudièrent à maintenir la paix et la tranquillité publique, à pourvoir aux besoins et au bien-être des personnes de toute condition qui habitaient l'île [3]. Ils résidaient à Biguglia, château situé non loin des ruines de l'ancienne Mariana ; là se réunissaient les *vedute* ou assemblées générales de la nation et se tenaient les cours de justice, ce qui fit donner à ce château le nom de *Residenza della ragione* [4]. Les appels des sentences rendues par les petits feudataires [5] ou par les juges des populations libres étaient portés, comme du temps des marquis, devant les cours présidées par le gouverneur et composées de douze juges, *boni homines*, dont il sera

---

1. Filippini, *Storia di Corsica*, t. 2. p. 89.
2. Bossi, *Storia d'Italia*, t. 14, p. 614.
3. Filippini, t. 2, p. 91. — Muratori, *Rer. italic script.*, t. 24, p. 679.
4. Filippini, t. 2, p. 256, 325; t. 3, p. 1.
5. Filippini, t. 2, p. 136.

question plus tard ; ceux-ci étaient élus, soit par le peuple, soit par le gouverneur ou son vicaire. Pendant leur domination, les Pisans ne portèrent atteinte ni à l'autorité des grands et petits feudataires, ni à celle du clergé ; leur règne donna à l'île un siècle de tranquillité[1]. Mais, dans les temps postérieurs, c'est-à-dire au XIIIe siècle, les Génois s'étant emparés de plusieurs châteaux forts et de diverses parties du territoire de la Corse[2], établirent des intelligences avec les feudataires et les chefs du peuple les plus influents[3] ; un grand mécontentement éclata tout à coup contre les Pisans et enfanta les événements qui devaient pour toujours enlever cette île à leur république[4].

Devenue, en 1300, maîtresse pacifique de la Corse[5], Gênes, ennemie des feudataires attachés à l'ancien gouvernement, jalouse d'acquérir une autorité indépendante de la volonté des seigneurs qui opprimaient l'île et présidaient à ses destinées[6], s'efforça d'abord d'abaisser, puis d'anéantir, soit par la ruse, soit par la force des armes, le pouvoir qu'exerçait cette redoutable noblesse. Pour arriver à l'accomplissement de ses desseins, elle excita des troubles, principalement dans les provinces septentrionales, et suscita les révoltes des peuples contre leurs seigneurs[7] ; elle ouvrit ainsi la voie qui, dans les siècles postérieurs, conduisit les Corses à l'indépendance et à la liberté. L'histoire ne fait pas con-

---

[1] Filippini, t. 2, p. 91.
[2] *Ibid.*, p. 84, 142, 145, 147.
[3] *Ibid.*, p. 129, 148, 151, 152, 153, 154.
[4] *Ibid.*, p. 122.
[5] Dalborgo, *Diplomi scelti Pisani*, p. 272.
[6] Filippini, t. 2, p. 196.
[7] *Ibid.*, p. 197, 198, anno 1359.

naître les causes de ces premières séditions ; mais il ne saurait y avoir de doute sur les résultats qu'elles produisirent dans la suite. La domination féodale arrivée à son déclin donne encore lieu à une remarque. En Corse, en Italie et dans toute l'Europe, elle était parvenue à substituer l'autorité du feudataire à celle du souverain, le fief à la patrie, l'intérêt particulier au bien public, les combats livrés par les seigneurs aux guerres entreprises pour la défense commune, l'obéissance de l'esclave à la dignité de l'homme libre ; elle laissa également aux Corses, pour dernier et funeste héritage, l'esprit de parti, la soumission absolue de l'homme à la volonté d'un maître, et l'élévation de chefs pervers, ambitieux, plus avides que les anciens feudataires ; ces chefs s'unirent au peuple, non par les liens de gratitude qui attachent le client au patron, mais par une alliance impie que cimentaient le sang et le crime, source des malheurs qui, pendant plusieurs siècles, ont troublé la tranquillité du pays. Dans les premiers temps de leur domination, les Génois marchèrent sur les traces des précédents possesseurs de l'île ; un gouverneur génois s'y rendait tous les ans, et, à son arrivée, procédait à l'élection des officiers qui devaient l'assister dans l'accomplissement de sa mission[1]. Les lois alors en vigueur étaient celles auxquelles on avait obéi sous les marquis, sous les papes et sous les Pisans. Mais, lorsqu'une plus grande partie du pays eut secoué le joug de la féodalité, les Génois, dans une assemblée solennelle, convoquée le **12 août 1347**, firent décréter qu'il serait formé un recueil destiné à donner force de loi aux coutumes et aux anciens usages des provinces qui furent appelées, dès cette

---

[1] Filippini, t. 2, p. 152, 174, 198.

époque, *terra del commune* [1]. Cette collection, divisée
en chapitres, renfermait les règlements relatifs aux intérêts publics et privés des Corses. Ceux concernant le
droit public, dont on connaît à peine le contenu, déter-
minaient la forme du gouvernement, l'autorité des officiers, les droits et obligations des sujets. Ceux concernant le droit privé offraient peu de différences avec les
statuts que je publie. Ces anciens règlements avaient
été modifiés d'un commun accord entre les députés de
Corse et les Génois, dans l'assemblée de Sainte-Marie de
Mariana, en 1453, adoptés, sans beaucoup de changements, par le gouvernement génois, sanctionnés, dans
la même année, par l'assemblée de Biguglia [2], et
déposés dans les archives de l'office de Saint-Georges,
alors protecteur de l'île ; c'est là que Filippini [3] et Canari [4] ont pu les examiner [5]. Le témoignage de ces historiens me porte à penser que les lois auxquelles la Corse
a été soumise pendant plusieurs siècles ne différaient
presque pas des règlements de 1347, et ces derniers de
ceux de 1453, par conséquent des statuts que je publie.

Au XIVe siècle, l'administration de la justice qui

---

[1] Filippini, t. 2, p. 197. — *Villani, Cronica fiorentina*, lib. 12,
c. 100.

[2] Filippini, t. 3, p. 35, 323, 324, 325.

[3] *Ibid.*, p. 324.

[4] *Canari opera, Mss. de domino ser. reip. genuensis*, l. 2. Prout
quidem eodem anno 1453. R. Stephanus de Quarcitello, Philippi-
nus de Episcopatu, Fredianus de Curte, Lucianus de Burgo, et Buc-
cacius de Perellis uti oratores Corsicæ, vi mandati, celebrati die 3
maii in ecclesia Marianensi, comparuerunt coram præfato officio
Sancti Georgii die 7 junii, et obtinuerunt confirmationem capitu-
lorum ab ipsis delatorum ; quorum exemplar legitur in archivio
magistrati Corsicæ.

[5] Filippini, t. 3, p. 324.

était restée, à peu de chose près, ce qu'elle était précédemment, fut réglée de la manière suivante par les peuples habitant les provinces situées entre Calvi, Aleria et
les montagnes qui partagent l'île de l'orient à l'occident.
Le conseil de justice ou, comme on disait, le banc,
banca[1] (ainsi nommé parce que les juges étaient séparés
de l'auditoire par un banc), était composé de douze.
citoyens libres qu'on appelait *boni homines*[2], chargés de juger les procès portés à leur tribunal. Les
fonctions de ces magistrats étaient annuelles : les six
premiers siégeaient pendant le premier semestre ; les
autres, pendant le second. Aucun d'eux n'avait une
voix prépondérante ; leur traitement, pour la durée
de leurs fonctions, était de 50 livres, indépendamment des deux tiers des condamnations pécuniaires[3].
Ce conseil était élu à la majorité des voix, par le
gouverneur, le vicaire, le capitaine du peuple et deux
députés par canton, *pieve*. Quatre de ces juges devaient être pris parmi les habitants de chaque district appelé *terziero* par suite de la division en trois
parties du territoire de la *terra del commune*[4]. Le vicaire et le capitaine du peuple étaient élus comme les
douze juges du conseil ; leurs fonctions étaient annuelles ;
ils jouissaient d'un traitement de 350 livres ; ils avaient
place au conseil et leur suffrage était égal à celui de
chacun des autres membres[5]. Le gouverneur, quand il
le voulait, pouvait présider le conseil ; mais ordinairement le vicaire du peuple jouissait de ce privilége[6].
Toutefois le gouverneur, ses lieutenants et les châte-

---

[1] Filippini, t. 3, *append.*, p. 7.
[2,3,4,5] *Ibid.*, p. 7 et 8.
[6] *Ibid.*, p. 7.

lains admis quelquefois à prendre part aux décisions de ce tribunal, avec voix délibérative, ne pouvaient rendre de sentence sans le concours des autres conseillers [1]. Les actes judiciaires et les arrêts étaient rédigés par quatre greffiers appelés *écrivains de la cour* [2]; leur élection avait lieu comme celle des magistrats précités. On donnait à ce tribunal le nom de cour ou de conseil du banc, *della banca* [3]. Il résidait ordinairement dans le château de Biguglia, chef-lieu de l'île; mais il pouvait siéger dans d'autres lieux indiqués, soit par le gouverneur, soit par le vicaire du peuple, soit par le conseil lui-même [4].

Chaque territoire, ou *pieve*, avait un tribunal qu'on nommait *Arringo* [5], composé de deux *podestà* et de deux *ragionieri* élus par le gouverneur, le vicaire, le capitaine du peuple, et par deux députés de chaque *pieve* de la *terra del commune* [6], ainsi que d'un scribe ou d'un greffier [7]. Les charges des *podestà* et *ragionieri* étaient annuelles [8]; ils jugeaient en dernier ressort jusqu'à 10 livres.

Le gouverneur, le vicaire et les autres officiers étaient soumis chaque année à l'examen des actes de leur charge, selon les prescriptions des lois romaines [9]; cet

---

[1] Filippini, t. 3. p. 17.

[2] *Ibid.*, p. 8.

[3] *Ibid.*, p. 7.

[4] *Ibid.*, p. 9.

[5] *Ibid.*, append. p. 199. — *Statuta di Corsica, addiz. ined.*, t. 2 p. 13 et 16.

[6] *Ibid.*, t. 3, p. 22.

[7] *Ibid.* — *Statuti di Corsica, addiz. ined.*, p. 13.

[8] *Ibid.*, t. 3. p. 22.

[9] *Cod. Just.*, l. 1. tit. 49. *ut omnes judices.* etc. *In auth.*, nov. 8. c. 9.

examen, appelé *sindicato*, avait lieu en présence soit des syndics envoyés par le souverain, soit de ceux qui avaient été nommés par le nouveau gouverneur, le vicaire du peuple et deux mandataires de chaque *pieve*. Les syndics de cette seconde catégorie, au nombre de six, élus par tiers dans chaque *terziero*, devaient être *boni homines* et nés en Corse. Le prince n'en envoyait que deux, mais leurs voix étaient égales à celles des six autres. Tous ces syndics étaient chargés de rendre la justice à l'expiration des fonctions de chaque officier, époque à laquelle commençait le syndicat ; il durait un mois pour les actes du gouverneur et du vicaire, et vingt jours pour ceux des autres officiers. Chaque syndic corse touchait un traitement de 15 livres et le tiers des condamnations pécuniaires prononcées par le tribunal auquel il était attaché [1]. Il était interdit à ces magistrats temporaires de rendre des arrêts dans les causes déjà jugées. Leur seule mission était de décider si l'officier dont ils examinaient les actes avait, dans l'exercice de ses fonctions, violé les lois ou cédé à la corruption, *rotto il capitolo o pigliato pretio* [2]. Les peines portées contre le coupable consistaient dans une amende de 100 livres, dans la privation de sa charge et l'exclusion perpétuelle de toute fonction. La sentence qu'il avait rendue en violation des lois était annulée ; celle qu'on avait obtenue de lui, à l'aide de la corruption, était maintenue, mais au profit de celui qui avait perdu sa cause, ou, comme on disait, *de vincta perduta*. Le corrupteur et celui qui l'avait aidé dans l'exécution du crime, étaient condamnés à payer 100 livres, et le premier à rendre ce qu'il avait

---

[1] Filippini, t. 1, *append.*, p. 10 et 11.
[2] *Ibid.*, t. 3, *append.*, p. 13.

indûment obtenu [1]. Excepté pour les crimes de lèse-majesté, la torture ne pouvait être ordonnée qu'avec l'assentiment du conseil [2]. Les statuts étaient déposés chez les juges, particulièrement chez le vicaire et le capitaine du peuple [3]. Il était permis à chaque *pieve* de faire des statuts, *capitolare* ; mais il fallait, pour qu'ils fussent obligatoires, le consentement de tous les habitants [4]. Toutefois c'était seulement dans les provinces de l'intérieur que la population était régie par les lois de cette espèce ; les provinces ultramontaines obéissaient aux *capitoli* ou statuts de leurs fiefs respectifs, qui différaient peu des coutumes des autres parties de l'île [5].

Tels furent les règlements relatifs à l'administration de la justice, en vigueur dans l'île de Corse jusqu'au seizième siècle ; mais l'office de Saint-Georges, vainqueur pendant cet espace de temps des plus redoutables feudataires, cédant aux plaintes des vassaux, créa, dans la première moitié de ce siècle, un *podestà* chargé dans chaque *pieve*, faisant partie du fief, de juger les causes civiles de peu d'importance, innovation qui, dans le siècle suivant, porta la république de Gênes à ordonner que tous les procès civils et criminels, déférés au tribunal des fiefs, seraient jugés en première instance par un lieutenant ; celui-ci devait être choisi par le feudataire [6], ou nommé par le gouverneur, lorsque les seigneurs ne pouvaient s'entendre sur l'élection. Cette charge était

---

[1] Filippini, t. 3, *append.*, p. 12

[2] *Ibid.*, p. 17.

[3] *Ibid.*, p. 32.

[4] *Ibid.*, p. 30.

[5] *Ibid.*, p. 159.

[6] Décret promulgué en 1603, et règlement fait en 1614, par le gouverneur Georges Centurione, sur le fief d'Istria.

conférée pour trois ans ; les parents du feudataire jusqu'au troisième degré ne pouvaient en remplir les fonctions. Il fallait, pour l'exercer de nouveau, cinq ans d'intervalle, à dater du jour où l'on avait cessé de la remplir.
On appelait des sentences du lieutenant à un tribunal
composé de tous les seigneurs du fief, et celle des parties
qui se croyait lésée, pouvait avoir recours au gouverneur ou au commissaire d'Ajaccio, pour faire réformer
l'arrêt rendu contre elle. Cet appel suspendait toute
exécution quand il s'agissait d'une condamnation au
dernier supplice ou à la mutilation des membres[1].

Sous le gouvernement de l'office de Saint-Georges, il
était permis aux vassaux de porter plainte contre leur
seigneur ; l'office statuait sur les réclamations[2]. Mais,
en 1614, le sénat accorda aux vassaux la faculté de
s'adresser au seigneur relativement à leurs griefs contre
les officiers du fief ; en cas de déni de justice de la part
du feudataire, les doléances étaient portées au gouverneur ou au commissaire d'Ajaccio. Si les plaintes
étaient fondées, les coupables, outre la perte de leur
charge, étaient condamnés aux peines prescrites par la
loi, peines que le gouverneur seul avait droit de prononcer[3]. Le seigneur ou ceux qui, dans son intérêt ou
par ses ordres, empêchaient un vassal de recourir au
gouverneur ou au commissaire d'Ajaccio, pour deman-
der justice contre les officiers du fief, pouvaient être
condamnés à une peine corporelle, à la confiscation des
biens et à cinq années de bannissement. Les enfants

---

[1] Règlement de 1614, précité.
[2] Filippini, t. 3, *append.* p. 159.
[3] Règlement de 1614, précité.

du feudataire, coupables du même crime, étaient passibles de semblables condamnations.

Les injures, les dommages, les offenses, les mauvais traitements exercés soit contre les vassaux par le seigneur, ses enfants, ses proches, ses officiers ou ceux qui avaient agi par son ordre et dans son intérêt, soit par les vassaux contre le seigneur, étaient jugés et punis par le gouverneur ou par le commissaire d'Ajaccio, après en avoir obtenu la permission du sénat de Gènes.

Tous les officiers des fiefs étaient soumis au syndicat [1].

Je reviens au gouvernement de l'office de Saint-Georges : des changements fort importants furent opérés par lui relativement aux affaires publiques de la *terra del commune*. Cet office, après avoir abaissé la puissance des feudataires ultramontains et affermi son autorité dans les provinces de l'intérieur, abolit le tribunal des *Podestà* des *pieves* [2] où avaient éclaté les premiers désordres des dangereuses factions de *Ristagnaccio* et de *Cagionaccio* [3]. Plus tard, il priva les Corses de la faculté d'exercer les fonctions de greffier pour les affaires civiles [4] ; et, en 1546, les commissaires généraux Troilo de Negroni et Paul Moneglia, irrités contre le Conseil des Douze, rendirent un édit qui interdit à jamais les élections pour la nomination des membres de ce conseil, et bannirent à perpétuité ceux qui à cette époque en faisaient partie [5]. Ces Douze, créés jadis pour l'administration de la justice, avaient acquis depuis l'arrivée

---

[1] Règlement de 1614.

[2] Filippini, t. 3, p. 249.

[3] *Ibid.*, t. 2, p. 199.

[4] *Ibid.*, t. 3, p. 249.

[5] *Ibid.*, t. 3, p. 248.

des Génois un pouvoir si étendu , qu'il n'était permis de rien décider sans leur consentement , relativement aux affaires publiques de l'île [1].

Le pouvoir de l'office de Saint-Georges cessa d'exister en Corse dans l'année 1562. La république de Gênes, éclairée, par de déplorables calamités , sur la mauvaise administration des agents de cet office , permit aux Corses , le 30 juin 1569 [2]. d'élire deux représentants ou *oratori* nommés l'un en deçà , l'autre au delà des monts, et chargés de réclamer du sénat toutes les mesures qu'ils croiraient propres à assurer la prospérité de l'île. En 1573, il rétablit [3], sous le nom de Conseil des Douze Nobles, l'ancien Conseil des Douze, et, le 18 janvier 1587 [4], il en régla le mode d'élection [5]. Dans la même année , les députés des *pieves*, réunis à Bastia en assemblée solen-

---

[1] Filippini, t. 3, p. 201.

[2] *Statuti di Corsica, addizioni inedite*, t. 2, p. 6.

[3] Livre rouge de Bastia.

[4] *Ibid.*, p. 157.

[5] En 1556, vers le milieu de septembre, pendant que les Français étaient maîtres de la Corse, les peuples de cette île élurent les membres du conseil des douze nobles à l'assemblée *Veduta* de Corte; et, en 1557, ils renouvelèrent cette élection dans une assemblée tenue au Vescovato de Casinca.

Les attributions de ce conseil s'étendaient, à cette époque , non-seulement au droit d'administrer la justice, mais encore à celui de prendre part au gouvernement de l'île.

En 1555, les Français, encore maîtres des provinces situées dans l'intérieur de la Corse, confièrent la mission de juger à un magistrat qui résidait à Corte; il se nommait Michel Pertuso , de Raconigi, en Piémont. Plus tard , en 1557, le roi envoya en Corse un président ou juge d'appel , avec pouvoir d'examiner, *sindicare* , la conduite des magistrats inférieurs. Ce président amena avec lui deux docteurs en droit; le premier pour remplir les fonctions de procureur du roi ou d'avocat du fisc , le second pour l'aider de ses avis.

nelle, procédèrent à la nomination de ce conseil, investi de l'autorité la plus étendue qui ait été confiée aux citoyens de l'île. La république détermina, en même temps, les attributions de ce conseil, borna le pouvoir judiciaire et administratif dont il avait joui dans les temps antérieurs, au droit d'empêcher l'établissement de nouveaux impôts sans son consentement ; de veiller au maintien des priviléges, de la tranquillité et du bien-être des habitants de la *terra del commune ;* d'exposer au sénat, par l'intermédiaire du représentant, *oratore*, nommé par ledit conseil et pris dans son sein, les vœux, les besoins et les plaintes des peuples de l'intérieur[1].

Les provinces ultramontaines, affranchies de la dépendance des seigneurs, et déjà admises, en 1581, à élire leur réprésentant[2], obtinrent, par un décret du 31 mai 1582[3], un conseil de six nobles, investi de toutes les prérogatives de celui des douze, y compris le droit d'envoyer à Gênes, d'abord tous les dix-huit mois et plus tard tous les deux ans, un représentant chargé de réclamer

---

Filippini et de Germanes rapportent que ce président était natif d'Avignon et qu'il se nommait Pierre Panisse.

Le droit d'exercer le syndicat appartenait à deux Français nommés par le roi et à six Corses élus par la nation, comme dans les anciens temps. A la diète *Consulta* de Vescovato, les douze nobles, conjointement avec Sampiero, nous apprend Filippini, ajoutèrent, avec l'assentiment du peuple, des lois et des exemptions à celles, *capitoli*, qui avaient été publiées par les Génois, et régissaient les Corses à cette époque. Ces innovations ont duré dans l'île seulement pendant la domination française, c'est-à-dire de 1551 à 1559. — *Voyez* Filippini, t. 1, p. 57, 58, 92, 105, 139 ; de Germanes, Histoire des Révolutions de la Corse, t. 1, p. 171.

[1] Livre rouge de Bastia.

[2] *Statuti di Corsica, addizioni inedite*, t. 2, p. 6.

[3] *Ibid.*, p. 6, 10, 11, 12.

du sénat ce qui pourrait être avantageux à la province.
De toutes les requêtes adressées au sénat par ces députés, quelques-unes à peine ont échappé aux ravages
du temps ; on les trouve dans les livres des priviléges,
libri rossi, de Bastia et d'Ajaccio ; les plus remarquables
sont celles que j'ai publiées à la suite des statuts de la
Corse ; elles ont rapport à l'État, aux lois, aux divisions intestines, aux besoins, aux abus et enfin aux
intérêts publics de l'île.

Le gouverneur, envoyé en Corse par la république,
n'avait pas, comme précédemment, une autorité bornée à un an ; son pouvoir durait dix-huit mois ; plus
tard, il fut prorogé à deux ans [1]. Le gouverneur investi
d'une autorité civile, judiciaire et militaire presque
souveraine, *merum et mixtum imperium*, était élu par
les deux colléges et le grand conseil de Gênes ; il devait
réunir les trois cinquièmes des suffrages, être âgé de
trente ans et appartenir à la noblesse. Appelé à juger
par lui-même, ou par son vicaire, toutes les causes civiles et criminelles portées à son tribunal et les appels
des jugements rendus par tous les magistrats de l'île,
il avait aussi le pouvoir de promulguer, avec l'assentiment du sénat, des *gride* ou édits relatifs à l'administration ; d'évoquer à sa cour les procès pendants
aux tribunaux inférieurs ; d'en ordonner l'expédition
sommaire ; de prononcer dans certains cas ses arrêts *ex
informatá conscientiá* ; de suspendre de leur charge
tous les officiers ; et de bannir de l'île la femme, les enfants et les parents les plus proches du condamné par
contumace [2].

---

[1] Filippini, t. 3, *append.*, p. 75.
[2] *Ibid.*

Il rendait ordinairement ses jugements après avoir entendu le rapport du vicaire et des autres officiers. Il touchait le quart des condamnations pécuniaires prononcées par tous les tribunaux de l'île ; il recevait, en outre, un traitement annuel de 1000 *scudi* et divers autres émoluments qui lui étaient accordés par le sénat. Bastia, capitale de la Corse, était le lieu de sa résidence. En 1666, on lui assigna, indépendamment de son pouvoir sur l'île tout entière, une juridiction particulière composée de quatorze *pieves*[1]. Les lois en vigueur, à cette époque, étaient d'abord les statuts de l'île, les décrets et les règlements du sénat, les édits des gouverneurs, les décisions obtenues par les représentants, *oratori*, puis les statuts de Gênes et enfin les lois romaines.

Le gouverneur était assisté, pour l'administration de la justice, par deux vicaires qui alternativement étaient chargés, pendant une année, de la connaissance des affaires civiles et de celle des affaires criminelles. Le vicaire préposé aux affaires criminelles fut nommé, pour la première fois, en 1634 ; il rédigeait les rapports relatifs aux procès que lui avait confiés le gouverneur, résumait les charges et citait les lois d'après lesquelles la sentence devait être rendue. Le vicaire chargé des affaires civiles siégeait à Bastia dans toutes les causes portées au tribunal du gouverneur. Il donnait tous les jours audience à des heures déterminées. Il eut d'abord le pouvoir de juger tous les procès en premier et en dernier ressort ; mais, en 1653, un décret du sénat permit de déférer par appel au gouverneur, toutes les condamna-

---

[1] Les *pieves* d'Orto, Brando, Lota, Casinca, Moriani, Tavagna, Ampugnani, Rostino, Orezza, Vallerustie, Borgo, Caccia, Bigorno.

tions à 100 *scudi*, et au syndicat ou au sénat de Gênes, celles qui excédaient cette somme ; toutefois, l'appel ne pouvait retarder l'exécution des jugements. Les vicaires étaient élus par les colléges de la république ; ils touchaient un traitement ; ils devaient être citoyens génois, âgés de trente ans au moins, inscrits depuis cinq ans sur la liste des docteurs en droit, et avoir exercé en cette qualité pendant quelque temps ou. avoir rempli d'autres fonctions dans l'État [1].

Les greffiers ou écrivains de la cour, plus ou moins nombreux selon le besoin, étaient nommés par le gouverneur, choisis parmi les notaires et obligés d'acheter leur charge aux enchères [2]. Les archives de la cour leur étaient confiées.

Les juges ou lieutenants du gouverneur résidaient : trois, avec le titre de commissaires, à Ajaccio, Bonifacio, Calvi ; cinq, en qualité de lieutenants, à Corte, Sartène, Aleria, Vico, Rogliano, Algajola. San-Fiorenzo avait un châtelain, Bastia un podestat.

Le commissaire d'Ajaccio, placé immédiatement après le gouverneur, avait dans son ressort sept *pieves* [3] et prononçait sur les appels des sentences rendues par le podestat de la ville, lequel avait le droit de juger les procès n'excédant pas 10 livres.

Bonifacio, ancienne place forte, *presidio*, de la république, doté par les Génois de statuts particuliers et de précieux priviléges, était gouverné par un commissaire appelé, dans les premiers temps, préteur, puis

---

[1] *Statuti civili*, t. 1, c. X, p. 9.

[2] *Ibid.*, c. LIII, p. 76.

[3] Les *pieves* de *Cinarca, Celavo, Tavera, Bastelica, Cauro, Ornano, Talavo*.

châtelain et ensuite podestat [1]. Il rendait la justice civile et criminelle d'après les statuts du lieu, et, lorsque
ces règlements étaient muets, appliquait les lois de
Gênes ou les lois romaines. On pouvait appeler de ses
jugements au gouverneur, au syndicat ou au sénat de
Gênes, suivant les dispositions des statuts : au civil,
lorsque l'objet en litige n'excédait pas 10 livres, au criminel, pour tous les crimes. Il jugeait en dernier ressort les sentences des magistrats municipaux de la *Cam-
peria* et des censeurs ou *ministrali* [2].

Les priviléges de la ville de Calvi [3] différaient peu de
ceux de Bonifacio ; Calvi était un ancien château habité
par des familles originaires de l'État et de la ville de
Gênes. Le commissaire génois qui y résidait, rendait la
justice d'après les statuts particuliers du lieu, et, à leur
défaut, suivant les lois génoises et romaines [4]. Les procès civils entre les habitants étaient jugés par le magistrat, aidé du concours de trois ou de six consuls de la
ville, élus par les citoyens. Si l'objet du litige n'excédait pas la valeur de 25 livres, il était permis aux parties d'interjeter appel devant le sénat de Gênes. Les
contraventions aux lois rurales et celles relatives aux
règlements sur les objets de consommation, étaient jugées par trois des consuls mentionnés ci-dessus, avec
charge d'appel à deux syndics élus par le conseil des
citoyens. Les magistrats de Calvi portaient le nom

---

[1] Filippini, t. 2, p. 130 ; t. 3, p. 97, *append.*; t. 4, p. 91.

[2] *Statuti*, t. 1, p. 247, 248. — *Statuti criminali di Bonifacio*
(Genova, 1625, 1 vol. in-folio), p. 70. — *Statuti civili de Bonifacio*,
p. 27 et 45.

[3] Filippini, t. 4, p. 106 et suiv., *append.*

[4] *Ibid.*, p. 107.

de consuls, dénomination qui rappelle et sert à fixer l'origine de cette place forte fondée par les Génois, après l'application du nom de consuls aux citoyens revêtus de certaines charges municipales.

Dans les juridictions de Corte [1], Sartène [2], Aleria [3], Vico [4], Rogliano [5], Algajola [6] ou Balagna, la justice civile et criminelle était rendue par un lieutenant, avec faculté d'appel au gouverneur pour les causes civiles, jusqu'à la somme de 50 livres, au criminel, pour toutes les condamnations à des peines pécuniaires, au bannissement ou à la déportation Toutefois l'appel ne pouvait suspendre l'exécution du jugement.

Indépendamment des lois dont j'ai parlé plus haut, on suivait dans ces tribunaux les règles de procédure en usage à la cour du vicaire. A chaque tribunal étaient attachés des avocats et des procureurs, *piatesi*, dont le nombre était fixé par le gouverneur ou par le lieutenant. Les audiences avaient lieu tous les jours.

---

[1] Cette juridiction comprenait 7 *pieves*, savoir : *Talcini, Niolo, Giovelline, Bozio, Rogna, Castello* et *Venaco*.

[2] Cette juridiction comprenait 6 *pieves*, savoir : *La Rocca, Attalea, San Gavino, Quenza, la Serra, le Vie*.

[3] Cette juridiction comprenait 10 *pieves*, savoir : *Sari, Ventiseri, Prunelli, Alesani, Matra, Campoloro, Tallone, Fiumorbo, Tox, Verde*.

[4] Cette juridiction date de 1670. Elle fut créée pour faciliter la décision des procès relatifs au commerce de bois de la forêt d'Aitone. Elle ne comprenait que la *pieve* de *Vico* et la colonie de *Paomia*. La justice civile et criminelle y était administrée par un gouverneur, noble Génois, que nommait le sénat.

[5] Cette juridiction se composait de 5 *pieves*, savoir : *Tomino, Luri, Canari, Sisco, Barettali*.

[6] Cette juridiction comprenait 5 *pieves* : *Aregno, Sant' Andrea, Zuani, Ostriconi, Giussani*.

Dans chaque juridiction ou ville de la Corse, sur un livre appelé *livre rouge*, peut-être à cause de sa couverture, étaient transcrits, outre les décrets et règlements de la ville, les priviléges et concessions qui lui étaient particuliers, et que le sénat lui avait accordés directement ou qu'elle avait obtenus par son représentant, *oratore*. Le livre rouge de Bastia, commencé en 1572, renfermait les lois, les règlements du sénat, les édits du gouverneur, les requêtes des représentants du conseil des Douze, communs à toutes les parties de l'île. Celui d'Ajaccio, qui date de 1581, comprenait, outre les décrets et les lois concernant la ville et son territoire, les requêtes des six nobles ou de leur mandataire, *oratore*, et les procès-verbaux des élections des uns et des autres [1]. Les livres rouges des autres juridictions furent établis vers 1583 ; et, en 1654, le sénat, instruit du peu de soin avec lequel ils étaient tenus par les greffiers qui en étaient dépositaires, décréta des peines sévères contre ceux qui seraient coupables de négligence, et ordonna la transcription sur ces registres de toutes les lois et de tous les décrets promulgués pour compléter l'ancienne législation [2].

Les seigneurs avaient aussi leur livre rouge, sur lequel étaient inscrits les statuts accordés aux fiefs depuis les temps les plus anciens. Les places fortes conservaient également, dans des registres particuliers, les titres de leurs franchises et le souvenir de leurs actes municipaux.

---

[1] Une copie authentique du Livre rouge de Bastia et de celui d'Ajaccio, qui appartenait à M. le comte Pozzo di Borgo, ancien ambassadeur, fait actuellement partie de la bibliothèque de M. le comte Charles Pozzo di Borgo, son neveu.

[2] Livre rouge de Bastia.

San-Fiorenzo, régi comme Bonifacio et Calvi, par des lois particulières, fut gouverné, jusqu'au seizième siècle, par un châtelain appelé aussi podestat, chargé de rendre la justice. Mais, à cette époque, cet ancien château perdit de son importance par les nouvelles fortifications dont Bastia était entourée et ses citoyens furent soumis à la justice du gouverneur de l'île.

Les procès entre les habitants de Bastia étaient portés au tribunal du podestat de la ville. Ce magistrat, nommé chaque année par le conseil des citoyens, avait le pouvoir de juger en dernier ressort toutes les causes dont la valeur n'excédait pas 4 livres, et, en première instance, avec faculté d'appel au gouverneur, toutes celles dont la valeur excédait cette somme.

Le syndicat se maintint en Corse, mais avec des conditions différentes de celles qui avaient présidé à son origine. Tous les deux ans, comme par le passé, deux syndics, nobles génois, se rendaient dans l'île et s'adjoignaient, pour remplir leur mission, des syndics corses élus comme le conseil des douze, savoir : deux par *terziero*, dans les provinces de l'intérieur, un par *terziero*, dans les provinces ultramontaines, et trois pour le district de Balagna. Ce conseil prononçait sur les appels des sentences rendues en matière civile par tous les magistrats, et, si l'objet en litige excédait la valeur de 500 livres, on pouvait recourir au sénat sans suspendre néanmoins l'exécution des jugements[1].

Les syndics génois connaissaient seuls des affaires criminelles, à l'exclusion des syndics corses. On appelait de leurs décisions à la seigneurie de Gênes, et cet appel emportait suspension des condamnations au dernier sup-

---

[1] *Statuti, addizioni*, t. I, p. 189.

plice, aux galères et à la mutilation des membres. Lorsque deux jugements consécutifs étaient en opposition, le condamné pouvait se pourvoir devant le syndic suprême de la république [1]. Les syndics génois avaient également mission d'examiner la conduite des officiers de tout grade, de terminer les divisions survenues entre eux, de visiter les tours et les forteresses, de recevoir les plaintes des sujets, de veiller à tout ce qui pouvait intéresser la sûreté du gouvernement et le bonheur des peuples [2].

A Bonifacio et à Calvi, les syndics génois remplissaient leur mission avec l'assistance de deux syndics élus par les citoyens, tant en matière civile qu'en matière criminelle, excepté à l'égard des délits de lèse-majesté, sur lesquels ils statuaient *ex officio* [3].

Après 1573, d'autres règlements furent publiés relativement au syndicat ; ils furent provoqués par les abus que commettaient les syndics, soit au détriment du peuple, soit par opposition aux gouverneurs, soit enfin dans le but d'anéantir les concessions que les représentants avaient obtenues. En 1606, le sénat enleva d'abord à ces officiers la faculté de déclarer nulles les sentences entachées d'irrégularité et rendues contre les condamnés par contumace. En 1655, il leur défendit de juger les causes en première instance, d'accorder des franchises et des sauf-conduits, de délivrer des prisonniers, d'acquitter des bandits ou des parents de ces derniers ; en 1664, les syndics perdirent le droit d'annuler, de modifier ou de

---

[1] *Statuti*, *addizioni*, p. 191. — Livre rouge de Bastia, requête du conseil des Douze, de 1581.

[2] *Statuti, addizioni*, t. 1, p. 191, 192.

[3] *Ibid.*, p. 193.

réformer les actes rendus par leurs prédécesseurs. En
1666, pour mettre un terme aux divisions qui survenaient
souvent entre eux et les gouverneurs, le sénat arrêta
qu'il ne leur serait pas permis de revoir les condamnations à mort, aux galères et à la déportation, prononcées
par les gouverneurs[1].

Pour remplir leur mission, les syndics demeuraient
en Corse environ cent jours, répartis entre les diverses
juridictions, selon le besoin de chacune d'elles et conformément au règlement publié par le gouvernement.
Leur traitement était fixé à 300 écus d'or et à des pres-
tations nécessaires à leur entretien[2]. A la fin du syndicat, ces officiers distribuaient aux magistrats des certificats, *patenti*, signés par eux et par le greffier. Il y en avait
de quatre espèces : la première, lorsqu'aucune plainte
n'avait été portée contre le magistrat; la deuxième,
lorsqu'il avait bien et dûment administré la justice; la
troisième, lorsque le plaignant n'avait pas administré
une preuve suffisante à l'appui de sa plainte; la quatrième, quand les syndics avaient statué sur les griefs
articulés contre les magistrats et que ceux-ci avaient
été acquittés. Ces certificats étaient refusés aux juges
accusés, si leur innocence n'avait pas été reconnue.
Ces derniers étaient soumis aux peines prononcées
par la loi et regardés comme indignes de servir l'État,
jusqu'à ce que leur conduite eût été examinée par de
nouveaux syndics.

Je parlerai, dans l'histoire de Corse, des tribunaux
ecclésiastiques de Mariana et Accia, d'Aleria, d'Ajaccio,
de Nebbio et de Sagona.

---

[1] Livre rouge de Bastia,
[2] Livre rouge de Bastia.

Les lois imprimées ou inédites, que je publie, doi
vent, ce me semble, être considérées comme les principales dispositions législatives qui ont régi la Corse,
soit dans les anciens temps, soit dans ceux dont je viens
de parler. En tête de ces lois, il faut placer les statuts
civils et criminels rédigés sans ordre, à plusieurs re-
prises, avant et après l'année 1453, soit par les officiers
du peuple, soit par les gouverneurs nationaux ou étrangers qui se sont disputé le pouvoir suprême dans l'île[1].
L'office de Saint-George eut le mérite de les classer avec
assez de discernement à l'époque où il déployait tant
d'habileté et tant de rigueur pour devenir maître pacifique de la Corse[2].

Marchant sur les traces de ce gouvernement, la république, dès les premières années de sa nouvelle domination, chargea deux représentants corses[3] et trois
jurisconsultes génois de la révision de ces statuts. Le
7 décembre 1571, cette commission présenta au sénat
le recueil des lois destinées à régir la Corse à dater du
1er février 1572[4].

Ce recueil renfermait les anciens statuts révisés, les
innovations et modifications sanctionnées par des lois
et règlements promulgués jusqu'à l'année 1602, et, en
outre, plusieurs lois nouvelles rapportées en entier et
désignées sous le titre d'*Appendice aux statuts*. On
ignore encore le nom de l'auteur de ce travail qui, suivant les conjectures les plus probables, fut publié
l'année 1603, en un volume grand in-4°, sans titre et

---

[1] Filippini, t. 3, p. 35, *append.*
[2] *Ibid.*, t. 2, p. 324.
[3] *Statuti*, t. 1, p. 4.
[4] *Ibid.*, p. 5.

sans date. L'approbation du sénat, pour la publication de ce code, figure après la dédicace ; elle porte la date du 25 juin 1602 [1].

Mais, dans l'intervalle de temps écoulé entre cette année et la chute du gouvernement génois dans l'île, celui-ci promulgua un grand nombre de lois inscrites pour la plupart dans le livre rouge de Bastia. J'ai extrait de ce livre les plus importantes ; je les ai insérées, sous le titre d'*Additions inédites*, à la fin du tome second de l'ouvrage que je publie. Les autres documents inédits ont été tirés du livre rouge d'Ajaccio ; ils consistent principalement en requêtes présentées au collége de Gênes, vers la fin du XVI° siècle, par les représentants, *oratori*, pour provoquer des mesures réclamées dans l'intérêt du pays.

Toutefois, cette nouvelle révision des statuts n'eut pas lieu sans murmures et sans remontrances de la part du peuple. La modification de quelques-unes de ces lois fut d'abord réclamée, en 1573, par les représentants des provinces de l'intérieur ; dans les années suivantes, ceux des deux parties de l'île signalèrent avec persévérance les défauts de cette nouvelle législation contre laquelle protestait la généralité des Corses. Enfin, d'autres représentants élevèrent une voix courageuse contre la fixation disproportionnée des peines pécuniaires et sollicitèrent le sénat de prendre en considération la pauvreté de ceux auxquels ces peines devaient être appliquées. Le gouvernement refusa d'abord d'écouter ces avertissements salutaires et de faire droit aux plaintes des représentants de la nation ; mais plus tard, cédant à de meilleures inspirations et aux instances réi-

___

[1] *Statuti*, t. 1, p. 6, 238.

térées des représentants, il ordonna, le 8 décembre 1573, au gouverneur Jean-Antoine Pallavicini, au vicaire Jean-Baptiste Gentile et à Marsile Fiesco de faire une nouvelle révision des statuts. Enfin il consentit à ce que divers chapitres plus spécialement désignés comme obscurs, inintelligibles et peu conformes aux véritables principes de la jurisprudence fussent successivement modifiés. Néanmoins il persista dans sa première détermination relativement aux peines pécuniaires qui ne furent pas diminuées et qui continuèrent à être appliquées avec une rigueur excessive. Le sénat recommanda fréquemment aux gouverneurs et aux magistrats d'être inexorables dans l'application de ces peines, de frapper les Corses plutôt dans leur fortune que dans leur personne[1].

Les statuts civils et criminels de la Corse renferment aussi des dispositions conformes à celles des statuts de Gênes, ainsi qu'il est facile de s'en assurer en confrontant les chapitres des deux recueils[2]. Cette analogie résultait de l'origine commune de ces codes ; de l'influence des Génois sur les affaires de la Corse ; des réformes apportées aux lois de la république en 1413 et 1556, et aux statuts de l'île en 1453 et 1571 ; enfin, de l'abolition de quelques usages barbares condamnés en Italie et en Corse et tombés en désuétude, grâce à la jurisprudence romaine dont les principes étaient alors proclamés dans les écoles de droit et les tribunaux[3].

---

[1] Livre rouge de Bastia. — *Statuti*, t. 2, p. 12, 177.

[2] *Voyez* Statuts civils de Gênes, l. 1, c. 12, 21; l. 2, c. 2, 3, 17, 20, 21; l. 3, c. 3, 11; l. 4, c. 10, 20, 21; l. 5, c. 2, 12, 23, 24; et Statut civil de la Corse, c. 4, 6, 10, 11, 12, 13, 14, 16, 23, 25, 26, 30, 42, 43, 44.

[3] Serra, *Storia di Genova* (Capolago, 1835), t. 4. *discorso primo*, p. 119, *ed annotazioni al discorso quarto*, p. 292.

Après la promulgation des statuts, les juges introdui-
sirent dans l'île l'usage d'initier les légistes à la connaissance des formules suivant lesquelles on devait procéder
en justice, et l'on vit alors celles de Vignolo et de Viceto[1]
adoptées avec faveur par les tribunaux de la Corse,
comme elles l'avaient été par ceux de la république. Ces
recueils, à leur tour, furent plus tard éclipsés et remplacés par les Institutes accompagnées des formules judiciaires qui, sous le titre de *Pratiche manuali*, ont
procuré une grande réputation au docte Pierre Morati
de Muro et à mon savant concitoyen Antoine Morelli,
dont la ville et le barreau de Bastia aiment encore à rappeler l'honorable mémoire.

Après avoir parlé des statuts, il est nécessaire de
mentionner brièvement les effets que ces lois produisirent en Corse relativement à l'administration de la justice. Les statuts de l'île, et particulièrement les statuts
criminels, prescrivant, pour la faute la plus légère,
des amendes plus ou moins fortes, et, pour presque
tous les délits, des peines pécuniaires et corporelles
que le gouverneur prononçait en premier et dernier
ressort, il arriva que, dans beaucoup de cas, le genre
et la gravité des condamnations[2] dépendaient moins

---

[1] *Pratica manuale*, mss.

[2] Le gouverneur avait le droit de prononcer souverainement,
manu regia, en se conformant ou sans se conformer aux prescriptions de la loi, sur le sort des voleurs, des assassins et des faussaires
(Statuts, t. 1, p. 86). Il pouvait aussi juger *ex informatá conscientiá* les faux témoins, les faux monnayeurs et les femmes accusées
d'avoir provoqué les vengeances *transversales* ou indirectes ou d'y
avoir coopéré (*ibid.*, t. 2, p. 139, 145 et suivantes). Voir la loi et les
considérations placées en tête du chapitre de *non procedetur*, add.
inéd. aux statuts, t. 2, p. 175.

des dispositions de la loi que du pouvoir arbitraire laissé à cet officier par le législateur. Lorsqu'un crime était commis par des personnes d'une classe élevée, ce qui avait lieu fréquemment en Corse, à cette époque, les parents ou les protecteurs, le plus souvent complices du coupable[1], se rendaient chez le gouverneur ou chez le vicaire et y mettaient en œuvre toutes les ruses pour obtenir la liberté du prévenu, en acquittant le maximum de la peine pécuniaire prononcée par la loi.

Dépositaire d'un pouvoir presque absolu[2], le gouverneur était circonvenu et finissait par céder à diverses considérations : tantôt il se laissait séduire par les offres des amis ou des protecteurs du coupable; tantôt il se décidait par la crainte de voir les biens de ce dernier soustraits au fisc par les soins des parents, dans les cas où il se montrerait trop sévère ; quelquefois il se conformait scrupuleusement aux instructions du sénat relativement aux peines pécuniaires ; d'autres fois il était retenu soit par la rigueur excessive des peines corpo-

---

[1] Giustiniani, dans sa Description de la Corse, Mss. inéd., reproche aux *caporali* ou chefs du peuple d'en deçà des monts, d'accorder leur protection aux homicides, aux voleurs, aux malfaiteurs et de leur donner à tous de mauvais conseils. Il ajoute plus bas : « E spera che con vigilante cura la Signoria daria opera a correggere e castigare le presunzioni, le arrogantie, le malizie e gli assassinamenti di molti caporali li quali è commune fama, che siino causa della più parte delli mali che si fanno in l'isola, ordinando e comandando che stessero nelle loro case a godere lo suo, e non andassero ognora alla Bastia a corrompere con li loro presentazzi e con le loro bugie e malizie, la buona mente degli governatori e degli altri uffiziali.

[2] A chaque page des statuts criminels, on lit : *ed ogni altra pena, arbitraria al governatore.*

relles [1], soit par la répugnance qu'il éprouvait à frapper des hommes accusés de délits plus déplorables qu'odieux. Il faisait, par l'un ou l'autre de ces motifs, fléchir le principe de la vindicte publique. A la réapparition du coupable sur le lieu du crime, dans un pays où les liens du sang et l'honneur de la famille ont tant de puissance, les parents de l'offensé, indignés de n'avoir point obtenu justice de celui qui avait la mission de punir, car, à leurs yeux, une peine pécuniaire n'était pas un châtiment suffisant, convaincus que le sang répandu demande du sang, vomissant d'horribles imprécations contre la république, se portaient souvent à de nouveaux crimes. De là prirent naissance les imputations malveillantes répandues dans toute l'île et exagérées à dessein par les ennemis des Génois qu'on accusait de concussion et d'injustice, à qui on reprochait de n'être cruels qu'envers les pauvres.

Il existait en Corse un autre genre d'impunité pour les criminels : il résultait de l'habitude où étaient ceux-ci de se retirer dans les forêts ou sur les montagnes, de se laisser déclarer bandits, de mener une vie errante et misérable soit dans l'île, soit au dehors, par l'horreur qu'ils avaient pour la prison et le peu de confiance que leur inspiraient les magistrats.

Quand la république était en guerre avec quelque puissance, ces bandits accouraient sous les drapeaux,

---

[1] Celui qui avait volé une croix, un missel ou des ornements sacerdotaux, était condamné à avoir les oreilles coupées et envoyé aux galères (*Stat. crim.*, c. 26). — Les faux témoins devaient avoir la langue ou le nez coupé, suivant la volonté du gouverneur (*Ibid.*, c. 37). — Les proxénètes avaient le nez coupé (*Ibid.*, c. 43). — L'adultère et la bigamie étaient punis de mort (*Ibid.*, c. 41 et 45).

soit par ordre du gouvernement[1] ou des officiers de l'île,
soit par les conseils de leurs compatriotes au service de
l'État; ils combattaient avec courage, et, si la victoire
couronnait leurs efforts, ils ne demandaient d'autre récompense que la permission de rentrer dans leur patrie et de pouvoir s'asseoir, avec leurs parents, aux
foyers paternels. L'avare sénat accédait tacitement à
leurs vœux et à leurs demandes; les magistrats obéissaient aux ordres ou aux instructions secrètes, et,
transformés en soldats victorieux, les bandits, sans
avoir obtenu, comme les lois l'exigeaient, la paix de la
famille de l'offensé, reparaissaient dans les villages où
ils avaient reçu le jour, y étaient accueillis par des dé-
monstrations de triomphe et de joie, surtout quand ils
étaient puissants par leur naissance, leur famille, leurs
adhérents ou leurs richesses. Les offensés ou les parents
de ces derniers, indignés du retour et de l'attitude du
coupable, irrités des témoignages bruyants auxquels
se présence donnait lieu, se renfermaient alors dans
leurs demeures en signe de deuil; les pusillanimes se
bornaient à maudire le gouvernement ou à éclater contre
lui en vaines lamentations; les hommes de cœur cou-
raient aux armes, accomplissaient de sanglantes vengeances ou arrêtaient le sinistre projet d'apaiser, par la
mort du criminel, les mânes de sa victime et d'effacer
ainsi la tache faite à l'honneur de la famille.

Outre ces considérations, je pourrais en énumérer
d'autres moins importantes; je les passerai sous silence
et me bornerai à indiquer le mauvais choix des officiers
préposés à l'administration de l'île, plaie aussi funeste
à cette époque qu'elle le fut plus tard : j'en parlerai

---

[1] *Statuti*, t. i, p. 215.

avec impartialité dans mon histoire, à la honte des gouvernements.

Les statuts civils, moins défectueux que les statuts criminels, plus en harmonie avec les mœurs et les coutumes du peuple, continuèrent, comme au temps des Génois, à être observés en Corse, même après la révolution de 1729, jusqu'à la publication des lois de la république française. Dans les villes et les places fortes restées au pouvoir de la république, les anciennes autorités conservèrent leurs noms et leurs attributions jusqu'à la réunion de l'île à la France. Dans les provinces centrales, appelées depuis 1729 à vivre sous l'égide de la liberté, l'administration de la justice fut confiée à des magistrats élus par le peuple et désignés par de nouvelles dénominations. Ces généreux citoyens, au milieu des guerres et des discordes civiles, remplirent le devoir sacré qui leur était imposé avec le zèle et la droiture que leur inspirait l'amour de la patrie ; leur conduite mérite, de notre part, les plus grands éloges, et leurs noms doivent être recommandés à la reconnaissance de nos descendants, non dans ces humbles pages, mais dans les fastes de la nation.

FIN.

www.ingramcontent.com/pod-product-compliance
Ingram Content Group UK Ltd.
Pitfield, Milton Keynes, MK11 3LW, UK
UKHW021726090726
13657UKWH00002B/539